Dios adentro

Colección
MENSAJES

CARLOS G. VALLÉS, S.J.

AL ANDAR SE HACE CAMINO, *4a. reimpr.*
AUTENTICIDAD, *5a. reimpr.*
BUSCO TU ROSTRO, *3a. reimpr.*
CUÉNTAME CÓMO REZAS, *1a. ed.*
CRECÍA EN SABIDURÍA...», *2a. ed.*
DEJAR A DIOS SER DIOS, *4a. ed.*
DIEZ AÑOS DESPUÉS, *1a. ed.*
ESTAD SIEMPRE ALEGRES, *1a. ed.*
JÓVENES NOS EVANGELIZAN, LOS, *2a. ed.*
LIGERO DE EQUIPAJE, *6a. reimpr.*
MI ÁNGEL Y YO, *3a. reimpr.*
MIS AMIGOS, LOS SENTIDOS, *2a. reimpr.*
MI VIDA EN SIETE PALABRAS, *5a. reimpr.*
NO TEMAS, *1a. reimpr.*
NUESTRA VIDA DE CADA DÍA. *1a. ed.*
OJOS CERRADOS, OJOS ABIERTOS, *2a. ed.*
¿POR QUÉ SUFRO CUANDO SUFRO?, *2a. reimpr.*
SABER ESCOGER, *2a. reimpr.*
SALIÓ EL SEMBRADOR, *2a. reimpr.*
SIGLO NUEVO, VIDA NUEVA, *1a. ed.*
TESTIGOS DE CRISTO
EN UN MUNDO NUEVO, *3a. ed.*
TRANSPARENCIA, *5a. ed.*
Y LA MARIPOSA DIJO..., *4a. reimpr.*
VIVIR CON ALAS, *2a. reimpr.*

EMILIO L. MAZARIEGOS

ALAS DE ÁGUILA, *3a. ed.*
AVENTURA APASIONANTE
DE ORAR, LA, *3a. reimpr.*
DE AMOR HERIDO, *3a. reimpr.*
ENCUENTRO A SOLAS CON DIOS, *4a. reimpr.*
EN ÉXODO CON MARÍA, *2a. ed.*
ESOS TUS OJOS, *2a. ed.*
FUEGO JOVEN DE JESÚS, EL, *2a. ed.*
HACE FALTA UNA FLOR, *2a. ed.*
HUELLAS DEL MAESTRO, LAS, *3a. reimpr.*
PARÁBOLA DE UNAS ALAS, *5a. ed.*
PEREGRINO DEL ABSOLUTO, *2a. reimpr.*
SALMOS DE UN CORAZÓN JOVEN, *4a. ed.*
SEDUCIDO POR EL CRUCIFICADO, *4a. ed.*
VIENTOS DE LIBERTAD, *1a. ed.*

Otros libros del mismo autor se encuentran en la colección E*n busca de infinito*.

IGNACIO LARRAÑAGA

ARTE DE SER FELIZ, EL, *2a. reimpr.*
DEL SUFRIMIENTO A LA PAZ, *15a. reimpr.*
DIOS ADENTRO, *1a. reimpr.*
FUERZAS DE LA DECADENCIA, LAS, *1a. reimpr.*
HERMANO DE ASÍS, EL, *5a. reimpr.*
ITINERARIO HACIA DIOS, *2a. reimpr.*
MATRIMONIO FELIZ, EL, *1a. ed.*
MUÉSTRAME TU ROSTRO, *6a. reimpr.*
POBRE DE NAZARET, EL, *7a. reimpr.*
ROSA Y EL FUEGO, LA, *1a. reimpr.*
SALMOS PARA LA VIDA, *8a. reimpr.*
SENTIDO DE LA VIDA, EL, *1a. ed.*
SILENCIO DE MARÍA, EL, *14a. reimpr.*
SUBE CONMIGO, *9a. ed.*

AUTORES VARIOS

SALMOS EXPLICADOS
PARA EL PUEBLO, LOS, *5a. reimpr.*

DANILO ANTONIO MEDINA

NUESTRO CORAZÓN ARDÍA, *1a. ed.*

MARINO PURROY

CÓMO SUPERAR EL DOLOR, *9a. ed.*

CARLOS G. VALLÉS, S.J.
ANTONIO BOTANA

ORAR A PIE DESCALZO, *3a. reimpr.*

Ignacio Larrañaga

Dios adentro

Para aquéllos que anhelan avanzar
en el misterio insondable
del Dios vivo y verdadero

SAN PABLO

Ignacio Larrañaga

Ignacio Larrañaga nació en Azpeitia en 1928. Se ordenó sacerdote en 1952. Trasladado a Sudamérica desplegó un apostolado variado y fecundo. Colaboró en la fundación del Centro de Estudios Franciscanos donde realizó una intensa labor evangelizadora. En 1974 inició el fecundísimo apostolado de los "Encuentros de Experiencia de Dios" que los impartió en 33 países y tres continentes a lo largo de unos 30 años. En 1984 fundó los "Talleres de Oración y Vida", servicio eclesial aprobado por la Santa Sede, extendido en más de 40 países. En los últimos años ha desplegado una específica actividad evangelizadora a grandes masas en teatros, gimnasios, estadios sobre materias cristológicas, matrimoniales...

En la actualidad está considerado como uno de los autores de mayor difusión de literatura religiosa y de autoayuda. Entre sus escritos se destacan *Muéstrame tu rostro, El silencio de María, El matrimonio feliz, Del sufrimiento a la paz, La rosa y el fuego, Sube conmigo...*

Título original
Dios adentro

Autor
Ignacio Larrañaga

© SAN PABLO
Carrera 46 No. 22A-90
Tel.: 3682099 - *Fax:* 2444383
E-mail: editorial@sanpablo.com.co
Http://www.sanpablo.com.co

Impresor
Sociedad de San Pablo
Calle 170 No. 23-31
Bogotá - Colombia

ISBN
958-607-374-2

1a. reimpresión, 2005
Queda hecho el depósito legal según
Ley 44 de 1993 y Decreto 460 de 1995

Distribución: Departamento de Ventas
Calle 18 No. 69-67 - A.A. 080152
PBX: 4114011 - *Fax:* 4114000
E-mail: direccioncomercial@sampablo.com.co

BOGOTÁ – COLOMBIA

Este tratado de oración desea ofrecer
una ayuda eficaz a los que quieren iniciarse
en el trato con el Señor y recuperar
el encanto de Dios.

Prólogo

Un tratado de oración

Unas palabras de clarificación.

Hace más de veinte años, yo grabé una colección de seis casetes, titulada *Vida con Dios*.

Desde hace algún tiempo, la editorial LibrosLibres ha estado sugiriéndome, y cada vez con más insistencia, la idea o proyecto de editar un libro con el contenido de aquella colección. Acepté la sugerencia proponiéndoles, a mi vez, el título del libro, *Dios adentro*, el que fue aceptado por la editorial.

El propósito del libro es efectivamente ofrecer un tratado de oración, cuyos contenidos nucleares son los siguientes:

- Colocar, como base, el fundamento de la fe, para edificar, sobre él, una sólida vida con Dios.
- Una purificación radical, mediante la sanación de traumas y heridas, para alcanzar una purificación integral.

- Establecer una corriente atencional y afecta con un tú, y lograr una convergencia de dos interioridades, consumada en el silencio del corazón, en la fe, en el amor.
- Ejercicios prácticos de oración desde los primeros pasos hasta la contemplación transformante.
- Largo proceso de Cristificación: pensar, sentir, actuar y amar como Jesús.

Este Tratado de Oración desea ofrecer una ayuda eficaz a los que quieren iniciarse en el trato con el Señor o recuperar el encanto de Dios, y a aquellos otros que anhelan avanzar, mar adentro, en el misterio insondable del Dios vivo y verdadero.

IGNACIO LARRAÑAGA

CAPÍTULO I

LA FE

Peregrinación

La vida del creyente es una peregrinación en la Tierra tras el rostro del Señor. Creer es entregarse. Entregarse es caminar incesantemente en pos del Señor. Abraham es un eterno caminante en dirección a una patria soberana que es el mismo Dios. Creer es siempre un nuevo partir. Peregrinos, no turistas. Un turista sabe dónde dormirá hoy, qué museos visitará mañana y qué ciudades recorrerá al día siguiente. Un peregrino, en cambio, no sabe nada, ni dónde dormirá hoy ni qué será el día de mañana. La fatiga, la incertidumbre y la inseguridad son el pan cotidiano del peregrino.

Sabemos que existe una meta, pero no se ve. Sabemos que, a la palabra *Dios*, corresponde una sustancia, no obstante, en este mundo, nunca tendremos la evidencia sensible de dominar intelectualmente la sustancia que corresponde a la palabra *Dios*, el contenido que corresponde a las fórmulas de fe.

Estamos en una situación semejante a la de los judíos en su marcha hacia la Tierra Prometida. Después de caminar durante cuarenta años, Moisés fue llamado por Dios a lo alto del monte Sisgá. El Señor le dijo: "Siervo mío, Moisés, todo aquello que se vislumbra a lo lejos, las montañas de Canaán, el río Jordán, el torrente Neguev, el altiplano de Jericó, en fin, todo aquello que se ve, desde el mar hasta el gran río, lo heredarán algún día los hijos de Israel, pero tú no pasarás".

Ese *no pasarás* es la esencia misma de la fe. No entrarás en la tierra de la promesa, no poseerás lo prometido. Los pies de Moisés, efectivamente, nunca pisaron las montañas de Canaán ni se mojaron en el río Jordán. Murió caminando, ciudadano de fe, saludando desde lejos la patria prometida, siempre en marcha, sin entrar en la quietud de la posesión.

El Señor dijo a Abraham: "Sal de tu tierra y ven a una tierra que yo te indicaré".

Abraham abandonó una instalación vital lograda a lo largo de una vida y, a sus setenta y cinco años, se puso en camino detrás de Dios, en dirección a un mundo incierto, sin saber a dónde iba.

De manera análoga, nosotros presentimos que alguien está a nuestro lado, pero no lo vemos, no lo sentimos. Lo presentimos, lo percibimos como los ciegos, esto es, tanteando, indirectamente, como entre sombras, como en unas huellas borrosas, desde los efectos hacia las causas, a través de las analogías y deducciones. Nunca cara a cara.

* * *

Si cierro los ojos, puedo sentir, por ciertas emanaciones, que tengo un objeto delante de mí. Abro los ojos y no veo nada. Entonces, empiezo a tantearlo con las manos, avanzando, por la vía indirecta de las exclusividades, hacia las deducciones, y digo: no es un libro, no es un reloj... Sigo palpando y, por las formas del objeto, llego a la conclusión de que es una mesa. Hemos llegado a la meta, pero por un camino oscuro y fatigoso. Son los llamados *procesos mentales*.

Decimos: si existe la sed, tiene que existir una fuente. ¿Has visto la fuente?, preguntan. No, sin embargo, tiene que existir. La sed sería absurda sin la fuente. Antes que la sed, ya existía la fuente. Si hay hambre del Eterno, el Eterno tiene que existir, de otra manera, el hambre no tendría sentido. Si palpita en mí el ansia de lo transcendente, el Transcendente tiene que existir, y mucho antes que mis ansias, aunque nadie haya visto su rostro. Así, vamos avanzando a oscuras, por la vía de las deducciones, pero nunca cara a cara.

Nos internamos en la espesura de un bosque entre densas sombras. De pronto, se filtra un rayo de luz. ¡Es el sol!, gritan unos. No –responden otros–, es un pequeño destello del sol. Ahora sabemos que, detrás de la espesura, brilla el sol, aunque nadie haya visto su disco de fuego. Poco a poco, divisamos el misterio de Dios en los vestigios de la Creación, aunque nadie haya visto cara a cara su rostro.

* * *

Estamos acostumbrados a lo que se toca y se mide. Los ojos están hechos para abarcar el mundo de los colores, las formas y las figuras. Cuando lo obtienen, descansan satisfechos. Los oídos están estructurados para aprehender el mundo de las voces, los sonidos y las armonías. Cuando cumplen su cometido, quedan quietos, se sienten realizados.

El hombre es, pues, un amasijo coherente de diferentes potencias complementarias: intelectiva, intuitiva, visual, auditiva, sexual, afectiva, neurovegetativa, etc. Cada potencia tiene su objetivo y los mecanismos para alcanzarlo. Poseído el objetivo, las potencias se distienden.

Aquí está el misterio. Tú pones en marcha todos los mecanismos, y las potencias, una a una, llegan a su meta, se complacen; en cambio, tú sigues insatisfecho.

¿Qué significa esto? Que tú eres otra cosa y mucho más que la suma de las potencias. Que el elemento específicamente constitutivo del hombre es otra potencia, mejor dicho, una superpotencia, que subyace y sostiene a las demás.

Somos una fuerza profunda que, siempre inquieta, suspira y aspira por el Eterno. Somos un pozo infinito que infinitos finitos nunca llenarán; sólo un infinito lo conseguiría.

* * *

Cuarenta minutos de oración es esa superpotencia puesta en marcha que pretende poseer a Dios. El alma avanza en la unificación con Dios, tratando de asirse, adherirse, poseerlo... para, finalmente, ajustarse en él y descansar. En un momento dado, al llegar al umbral de Dios, cuando el creyente tiene la impresión de que el objetivo está al alcance de la mano, Dios se desvanece como un sueño y se torna en ausencia y silencio. Es como un rostro perpetuamente fugitivo e inaccesible que aparece, desaparece, se aproxima, se aleja, se concretiza, se esfuma... Y tú te quedas siempre con un regusto de frustración; la aventura se transforma, con frecuencia, en desventura, y la fe, en un drama.

Entonces, surge el fenómeno de la nostalgia, que convierte al creyente en un desterrado. Sí, igual que un expatriado que siempre suspira por la patria, el creyente es devorado por el anhelo del infinito. Siempre parte de nuevo en su busca. Nunca lo encuentra cara a cara. No lo puede poseer. Por eso, hablamos de la peregrinación de la fe. El que busca camina. El que siempre busca y nunca encuentra –encontrar en el sentido de poseer– es un eterno caminante. La fe, por lo tanto, es una peregrinación, un siempre salir, una odisea, un éxodo interminable. Moriremos en el camino sin llegar al descanso. La llegada será el descanso.

* * *

Si te pidieran que tomaras una estrella con la mano, ni subiendo a la montaña más alta del mundo la podrías tocar. Y toda la vida queriendo dar alcance a una estrella, sabiendo de antemano que nunca lo vamos a lograr...

El Concilio presenta la vivencia de la fe como un estado de suspenso, espera, nostalgia y aspiración. Dice que la Iglesia va peregrinando en la Tierra, lejos del Señor, desterrada, que piensa y suspira por la patria donde está el Amado. Descubre a Cristo entre penumbras hasta que lo posee en todo su esplendor. Siempre hay un hasta que, una tensión, un aspirar, un suspirar. Somos eso: un arco tenso, siempre dispuesto a disparar la saeta para emprender la caza.

Grito mil veces: ¿dónde está Aquél que busca mi alma? Y el mundo entero se transforma en una respuesta. El viento clama, los ríos cantan, las estrellas ríen, los árboles preguntan, la brisa responde... Pero mi Amado calla.

¿Dónde estás? ¿Por qué ese silencio? ¿Acaso no soy tu eco? ¿Por qué callas? ¿Acaso no soy la voz de tu voz? Soy una chispa de tu fuego, ¿por qué no brillas?, ¿por qué no me quemas?, ¿por qué no me ciegas? Me hiciste como aquella zarza antigua que siempre ardía y nunca se consumía. ¿Por qué tengo que ser siempre una inquieta llama? Calma mis fiebres. Eres agua inmortal, ¿por qué no apagas mi sed? Eres remanso y descanso, ¿por qué me mantienes eternamente en vilo? Tú eres el mar, yo soy el río, ¿cuándo descansaré en ti? Te aclamo y reclamo, te afirmo y confirmo, te exijo y necesito, te anhelo y conjuro, te añoro y ansío.

¿Dónde estás, peregrino?

Caminando en la oscuridad, pero con certeza, siempre buscando y nunca encontrando, en un "siempre partir y nunca llegar". Odisea perpetua. Eso es la vida de fe.

Noche oscura

Veamos por qué Dios es misterio o por qué la fe es noche oscura.

La mente humana es como un laboratorio de análisis y síntesis. Por el viaducto de los sentidos, entran en la mente las impresiones, percepciones y sensaciones. Con todo ese material, la mente hace un trabajo de elaboración: retira lo que es propio de cada unidad o individuo y retiene lo que tiene en común con otras unidades. Por ejemplo: las mesas pueden ser muy distintas en cuanto a forma, tamaño y figura, pero la mente retira lo propio de cada una (color, altura, dibujo...) y retiene aquello que es común a todas ellas, la idea común sobre todas las mesas; y a esa idea le acoplamos una palabra, en este caso *mesa*.

Terminado ese trabajo, pueden colocar, delante de mí, un millón de mesas en medio de cincuenta millones de objetos diferentes. Mi mente tomará aquella idea, y, con esa luz, iré reconociendo, distinguiendo e identificando todas las mesas sin equivocarme nunca. Lo mismo sucede en otras áreas. Puedo describir todo aquello que me presenten: duro, blando, caliente, frío, negro, blanco... La mente extrae la idea, y a la idea le acoplamos una palabra. Es el llamado *proceso normal del conocimiento humano.*

Pero aquí reside nuestra desgracia. El Señor es de tal naturaleza, que los sentidos nunca lo detectarán. Dios nunca entrará por los sentidos, nunca pasará a través de ellos al laboratorio de la mente humana. Dios nunca será, pues, objeto de análisis y síntesis. Nunca será objeto de la inteligencia, pues no hay nada en la mente humana que no haya pasado antes por los sentidos. Todo esto lo expresa la Biblia con aquella frase: no se lo puede mirar cara a cara. No es objeto de estudio, sino de fe.

Como Dios no puede entrar en el proceso normal del conocimiento humano, queda afuera, por encima de este proceso. Por eso, decimos que Dios es trascendente. Dios nunca entrará en nuestro juego. Está en otra órbita. Dios es otra cosa. Es misterio, no cosa misteriosa. Es misterio, que quiere decir que no puede ser alcanzado ni entendido analíticamente, nunca entrará en el juego de silogismos, premisas y conclusiones.

La fe no es lógica ni silogística. A Dios se lo entiende de rodillas, viviéndolo. No es objeto de estudio, sino de fe. No es para ser entendido, sino para ser acogido, asumido, vivido. De rodillas se lo asume y se lo entiende.

* * *

Es como si a un ciego de nacimiento, que nunca ha visto los colores, tratáramos de explicarle qué es el color amarillo (comparación de san Juan de la Cruz). ¿Cómo se le puede transmitir al ciego el hecho de que una rosa es amarilla? Es imposible. Y cuando la comunicación se torna imposible, acudimos instintivamente a las aproximaciones. Le decimos que el amarillo es un color aproximado entre el verde y el azul, pero el ciego no sabe qué es verde, ni azul, ni blanco, ni negro... Los colores nunca entraron en su mundo, está de noche respecto a los colores y seguramente entenderá el amarillo con referencia a otras impresiones, como, por ejemplo, algo tibio, blando, suave, etc. Después de tanta explicación, deberíamos acabar diciéndole al ciego: amigo, amarillo no es nada de lo que has entendido. Es algo totalmente diferente.

Ésta es también nuestra situación respecto a Dios. No tenemos ningún punto de referencia que nos aproxime a él. Como Dios nunca entró ni entrará, a través de los sentidos, en el laboratorio mental, para conocerlo nosotros también nos valemos de otras referencias que nos acerquen a él. Por ejemplo: sabemos qué significa la palabra *persona*. Tomamos el contenido de esta palabra, la aplicamos a Dios y decimos: Dios es persona. Pero, para hablar con precisión, tendríamos que decir, como al ciego: Dios no es persona, es algo absolutamente diferente de las impresiones, percepciones, conceptos, ideas e imágenes que tenemos de él. Dios es mucho más grande, admirable y magnífico. No se puede comparar con nada de lo que podamos soñar, pensar o imaginar. Es Uno y Único. Se lo entiende de rodillas, en la fe.

Como dice san Juan de la Cruz, lo que entendemos de Dios dista infinito de Dios mismo. O como refiere san Agustín: "¿crees tú saber quién es Dios?, ¿crees saber cómo es Dios?... Pues no es nada de lo que imaginas, nada de lo que piensas. Oh, Dios, que estás por encima de todo nombre, por encima de todo pensamiento, más allá de cualquier ideal y de cualquier valor. Oh, Dios viviente".

Las palabras humanas nunca serán portadoras de la sustancia real de Dios. Los conceptos son una elaboración mental. Las palabras llevan conceptos, pero, como Dios no entró en la mente, estamos en otra órbita. Deberíamos poner el prefijo *in- (no)* a todas las palabras referidas a Dios: infinito, invisible, inmenso, incomprensible, increado, innominado... Deberíamos decir: no es esto, no es creado, no es comprensible, no es visible, no es medible... Es decir, supera, transciende, abarca y comprende toda palabra, todo lenguaje. Sólo en la fe, sólo de rodillas.

El Señor es mucho más grande, admirable y magnífico, y no se lo puede comparar con nada de lo que podamos concebir, desear, soñar... Es, realmente, el Incomparable. A Dios se lo asume en la fe. Más que objeto de intelección, es objeto de contemplación. Hay que comenzar por acoger el misterio en la oscuridad de la noche. San Juan de la Cruz afirma: "el que se ha de venir a juntar en una unión con Dios no ha de ir entendiendo (...), sino viviendo" (...).

Sólo en la fe, de rodillas.

Aquél que no tiene nombre

Los hombres de la Biblia no se atreven a definir a Dios, ni siquiera a nombrarlo.

Definir es abarcar algo, y Dios es inabarcable. Nombrar es aprehender y medir la esencia de una persona, y Dios no es mensurable. Por eso, la Biblia evita nombrar a Dios y utiliza una manera rústica para designarlo: "el Dios de Abraham, el Dios de Isaac". La forma más adecuada de hablar de Dios sería: Aquél que se reveló a los patriarcas, Aquél que se reveló en Jesucristo.

Según esto, para los israelitas había tres preguntas de idéntico contenido: ¿quién eres?, ¿qué eres?, ¿cómo te llamas?

Huyendo de las iras del faraón, Moisés se había refugiado en la región de Madián. Dios le ordenó: Moisés, sácame a este pueblo de la opresión de Egipto. Moisés le respondió: Señor, cuando yo convoque a los israelitas y les diga que el Dios de sus padres me envió para liberarlos de la opresión, y ellos me pregunten: ¿cómo se llama ese Dios?, ¿qué les respondo entonces, Señor? ¿Cuál es tu nombre? ¿Cómo te llamas? El Señor Dios esquiva la pregunta: Yo soy el que soy.

Viene a comunicar que el verdadero Dios no tiene nombre, y si tuviéramos que darle un nombre, sería éste: Sin Nombre, Innominado. Esencialmente es eso: el Inefable, el Inclasificable, el Incalificable. Las palabras más altas no lo pueden encerrar en sus fronteras, no le alcanzan los silogismos. Dios no es lógica, no es un ente abstracto. Sólo en la fe, sólo de rodillas.

Es inútil, aunque reunamos los adjetivos más brillantes del lenguaje común, aunque saquemos las palabras del diccionario y armemos con ellas un monumento más profundo que el mar, más alto que el cielo y más ancho que la Tierra, es inútil, las palabras no valen. Él es otra cosa, es mucho más, mucho más que las palabras.

Sólo en la fe, en silencio y de rodillas.

* * *

En la noche profunda de la fe, cuando el alma se extiende sedienta en la presencia divina para acoger en silencio el misterio infinito, sólo así, entregados y receptivos, comenzaremos a entender al Ininteligible. Cuando la música calla, las palabras callan, la inteligencia calla, y sólo queda el silencio en la presencia, en la fe pura, sin entender nada y entendiéndolo todo, sin decir nada y diciéndolo todo. Cuando el abrazo se consuma, no de idea a idea, sino de ser a ser, entonces la certeza y la oscuridad, que son las dos fuerzas dialécticas que sostienen la fe, se elevarán por encima de las dialécticas mismas, para darse las manos y, así, plantar un altar en medio del mundo y, mudos, adorar, asumir y ser asumidos por el misterio infinito.

Sólo en la fe, de rodillas, en silencio, con certeza, pero a oscuras.

El silencio de Dios

Lo que más desconcierta a los caminantes de la fe es el silencio de Dios. Dios es Aquél que siempre calla. De Lubac se hace estas preguntas: ¿por qué el alma, cuando ha encontrado a Dios, conserva o vuelve a encontrar el sentimiento de no haberlo encontrado?; ¿por qué ese peso de ausencia hasta en la más íntima presencia?; ¿por qué esa invencible oscuridad de Aquél que es todo luz?; ¿por qué esa distancia infranqueable de Aquél que todo lo penetra?; ¿por qué esa traición de todas las cosas que, una vez, nos han dejado ver a Dios, enseguida nos lo ocultan de nuevo?

Eres seducido por la tentación, y sucumbes. Dios calla, ni una palabra de reprobación. Superas la tentación. Dios calla, ni una palabra de aprobación. Pasas la noche en la capilla. Tú hablaste, él calló. Al amanecer, al salir cansado de la capilla, no escucharás la voz de un amigo que te diga: gracias por la visita. Sales al jardín, hablan las flores, hablan los pájaros, hablan las estrellas, todos hablan por Dios, pero Dios mismo calla.

De pronto, el universo parece gobernado por el absurdo y se puebla de preguntas. Muere esa joven madre y deja cinco huérfanos. ¿Cómo es posible? Esa criatura de tres años padece meningitis y queda minusválida para toda la vida. Una familia entera muere en un accidente, cuando regresaba a su hogar desde la playa. La calumnia dejó a aquél en la calle sin prestigio ni empleo. ¿Qué hace Dios? ¿Por qué calla? Es un silencio obstinado que te va minando lentamente. Llega la confusión. Surgen, no sabes de dónde, voces que te preguntan todo el día: ¿dónde está tu Dios?

No se trata de una ironía ni de un argumento formal. Te envuelven el silencio y el desconcierto. Eres dominado por una vaga impresión, por un sentimiento de inseguridad, por la perplejidad. ¿Y si todo fuera un producto de la mente...? ¿Y si fuera la realidad más sólida del firmamento...? Y te quedas navegando sobre aguas movedizas, con lo que se cumple el salmo 29: escondiste tu rostro, y quedé desconcertado. Es el silencio de Dios.

Éstas son las pruebas en el camino de la fe. A la vida de la fe siempre la acompaña una vaga sensación de riesgo o inseguridad, y ahí reside precisamente la grandeza de la fe.

Fe adulta

Para entender la fe adulta, es necesario aplicar los conceptos ordinarios del lenguaje humano. *Niño* es aquel ser que depende de otro para todo: andar, comer, vivir.

Adulto es aquél capaz de mantenerse en pie sin apoyarse, ganarse la vida, vivir. La fe infantil es, pues, aquélla que, para entregarse, necesita apoyo, seguridades, tranquilizantes para suavizar el miedo al salto. La fe adulta es aquélla que asume todos los riesgos y, sin apoyarse, confía, permite, se entrega. Salta al vacío, vacío de seguridades, evidencias. La persona que para creer necesita de explicaciones o seguridades apologéticas posee una fe infantil. Nuestra fe, en tiempos pasados, fue infantil, pues requeríamos tranquilizantes.

Lo que tú crees está, al parecer, contra el sentido común y las leyes cósmicas. Pero, no te inquietes, te voy a demostrar que el que colocó las leyes las puede descolocar, que la fe no está en contra de la razón, ni la razón en contra de la fe, que los milagros son posibles... Te voy a demostrar que los Evangelios son históricos y que las verdades fundamentales de la fe resisten el desafío de las ciencias. Y, ahora, con estas explicaciones, puedes creer tranquilamente.

Fe infantil, pues se apoya en seguridades, en falsas seguridades.

Hemos llegado a un momento en que han caído todas esas falsas seguridades, y creer será una verdadera aventura, igual que en los días de Abraham, y habrá que correr todos los riesgos. Se deberá comenzar por renunciar a todas las seguridades de retaguardia. Por ejemplo: si vamos a la conquista de una isla habitada por feroces indígenas y nos encontramos con una lucha desigual, volveremos atrás, tomaremos el barco y regresaremos a alta mar. Pero, si al llegar, quemamos la nave, entonces la aventura será pura y absoluta. Será una apuesta, lo ganaremos o lo perderemos todo. Corremos, pues, todos los riesgos.

Hay que dejar a un lado las reglas del sentido común, explicaciones y demostraciones, y dar el salto al vacío abandonándose por completo en el Otro. Como Abraham, dejar a un lado las normas del sentido común y los cálculos de probabilidad. Abraham, ¿cómo puede una mujer que era estéril tener un hijo a los noventa años? Abraham responde: lo que yo sé es que nosotros no sabemos nada, y él lo sabe todo. Se le podría replicar: eso está en contra de las constantes biológicas, las leyes genéticas, el sentido común... No puede ser. Abraham insistiría: para nosotros, ciertamente, es imposible. No puede ser. Pero él todo lo puede. Él es capaz hasta de resucitar a un muerto y de transformar estas piedras en hijos palpitantes.

He aquí una de las características de la fe: adhesión vital a una persona. Nuestra fe era demasiado racional. Abraham confía y se lanza a un tú. En nuestra fe, se buscaba una cierta tranquilidad mental. La fe, sin embargo, no es una acrobacia intelectual, sino una adhesión comprometida con una persona.

Los conflictos intelectuales de fe comienzan cuando se debilita o falta la adhesión vital a Jesucristo. Se trata de una adhesión vital que agarra a todo el hombre: su confianza, su fidelidad, su asentimiento intelectual y su adhesión emocional. Y, así, compromete su historia entera con sus proyectos, emergencias y eventualidades. Ésta es la fe que hizo a Abraham caminar en presencia del Señor. Es decir, Dios fue la inspiración de su vida, su fuerza y norma moral, y su amigo.

Creer significó para Abraham extender un cheque en blanco, confiar contra el sentido común y las leyes de la naturaleza, entregarse ciegamente y sin cálculos, romper con toda una situación establecida y ponerse, a los setenta y cinco años de edad, en camino hacia un mundo incierto, sin saber a dónde iba. Ésta es la aventura de la fe. Se corren todos los riesgos, nunca se está seguro. Es el salto a un precipicio, que quiere decir vacío de seguridades y en plena oscuridad.

Saltar

Voy a tratar de explicar en qué consiste este precipicio con un diálogo imaginario. Me cuentas que apostaste la vida por alguien; y yo te pregunto: ¿y si pierdes la apuesta? Hiciste de tu vida un holocausto y renunciaste a tus sueños; yo te digo: se vive una sola vez, y debes demostrar si, esa sola vez, acertaste o te equivocaste. Te lo jugaste todo por alguien, y debes demostrar si esa persona es quimera o sustancia. Todo permanece en el aire. Que tu vida sea absurda o sublime, aventura o desventura, depende de que esa persona signifique o no solidez. ¿Cómo me lo demuestras? ¿Cómo me lo pruebas? Me respondes que la Palabra de Dios lo demuestra, y yo te pregunto: ¿y si la Palabra de Dios fuera una falacia humana? Tú me adviertes: vamos a remitirnos al Tribunal de Dios y te convencerás de que todo es verdad. Y yo te interrogo: ¿y si eso de después de la muerte fuera otra falacia, la última y la peor?

Éste es el precipicio. Éste es el vacío sobre el cual hay que saltar no una vez, sino con frecuencia. Crees o no crees. Lo tomas o lo dejas. Descendiendo todos los peldaños, al final te quedas sin ningún pasamano sólido, sin ninguna prueba empírica, sin ninguna explicación que aclare, sin ninguna evidencia que tranquilice... A este vacío de pruebas, razones y evidencias es al que tienes que saltar, y no una sola vez. Éste es el gran momento de la fe. Aquí radica el valor y mérito de la fe. Ésta es la fe adulta, pues te quedas sin soportes y tienes que dar el salto de pie, sin apoyos. Nadie ni nada podrá quitarte el miedo al salto.

Es bello creer en la luz cuando es de noche. Es bonito escuchar los latidos del Padre detrás del silencio. Ésta es la fe que traslada montañas y da a los creyentes una consistencia indestructible. El acto de fe es un obsequio.

Sin duda, la fe es un don de Dios y el primer don, pero, por parte del creyente, es un acto hermoso y fundamental de gratuidad. Es gratuito porque, para brindar esa adhesión vital, el creyente no dispone de motivos empíricos ni de razones tranquilizadoras. En plena oscuridad, se lanza en los brazos del Padre, a quien no ve, sin otra seguridad que su palabra. Hay, pues, mucha gratuidad y mérito por parte del hombre en el acto de fe; es el máximo acto de amor, y en él están encerradas las grandes virtualidades del ser cristiano.

Comprometerse con una persona

De lo dicho se desprende que la fe no es principalmente adhesión intelectual a las verdades, doctrinas o dogmas, sino, más bien, una adhesión vital y comprometida a una persona. Se trata de asumir a una persona, Cristo Jesús. Al asumirla, se asume también toda su palabra, con criterios de vida y juicios de valor, palabra que condiciona y transforma la vida del creyente. Como sostiene Kasper: creer significa decir amén a Dios, dejar a Dios ser totalmente Dios, reconocerlo como único sentido de vida y razón de existir. En suma, la fe es vivir en la receptividad y en la obediencia.

El acto de fe es un acto de voluntad por tratarse de una adhesión voluntaria. En las cosas evidentes, la voluntad no interviene. Por ejemplo: la luz de este mediodía es evidente que es luz, y se acabó la discusión.

Pero allí donde una verdad o realidad no puede ser comprobada analítica o empíricamente y donde, por otra parte, se ponen en juego los intereses de la vida, para entregarse a esa verdad o realidad que tanto compromete, se necesita mucho coraje y mucha voluntad.

No se trata de la racionalidad de la fe. Se ha analizado y comprobado la veracidad de los principios, la exactitud lógica de las premisas, y ahora aseguramos: todo está en orden. La razón está satisfecha. Ahora podemos creer. No es eso. Son la voluntad, la decisión y la convicción las que preparan y fundamentan la entrega. Por esta entrega, el creyente consigue franquear la noche entera de la fe y suple esa incapacidad radical de nuestra inteligencia, para dominar intelectualmente a Dios.

El creyente que se entrega salta por encima de procesos mentales, alcanza a Dios, y, así, Dios se transforma en certeza. La seguridad que no nos pudo dar el raciocinio nos la proporcionará aquella entrega obsequiosa. En la fe, no hay claridad, sí hay seguridad, que deriva no de la evidencia de las verdades, sino de la misma entrega. Sin creer, nada se entiende. Sin entregarse, nada se cree.

Para el que se entrega, no existen conflictos intelectuales de fe. De la vida nace la seguridad. El que está vivamente adherido a Jesucristo no tiene problemas intelectuales de fe. Los conflictos intelectuales comienzan cuando se debilita la adhesión vital a Jesucristo. El creyente es seducido por la voz de Aquél que lo llamó desde la profunda y brillante oscuridad nocturna. El creyente saltó de sí mismo pisando tierra desconocida y sin ver nada. Abrió los brazos y se entregó al Señor, lo confesó, lo afirmó. Sin verlo, lo sintió. Sin sentirlo, lo aclamó. Le entregó las llaves del castillo, y se unieron en una alianza eterna. En este momento, se disipan las inseguridades. El cielo, la tierra, el mar, todo se cubre de certeza, una certeza como la de un atardecer. El creyente, de esa manera, queda confirmado para siempre en la fe.

Certeza en la oscuridad

Realmente, de la vida nace la certeza. Es fruto del corazón, más que de la cabeza. Ahora sí, ahora podremos entonar la canción de la certeza y la oscuridad con san Juan de la Cruz:

Qué bien sé yo la fonte que mana y corre,
aunque es de noche (...).

En esta noche oscura de esta vida,
qué bien sé yo por la fe la fonte frida,
aunque es de noche (...).

Su claridad nunca es oscurecida,
y sé que toda luz de ella es venida,
aunque es de noche (...).

El misterio profundo de la fe está precisamente en dos expresiones antitéticas que recorren, alternan y dominan el cantar: "Qué bien sé yo" (certeza), "aunque es de noche" (oscuridad). No veo nada, pero tengo la certeza. No siento nada, pero sé muy bien.

Aunque la injusticia levante en todas partes la cabeza, en el psiquiátrico no haya vacantes, los cementerios rebosen de muertos y asesinados..., qué bien sé yo que el mundo está organizado por el amor. Aunque las tristezas se vistan de sonrisas, y el egoísmo se cubra con ropaje de amor, aunque, con la palabra *paz* en sus bocas, organicen guerras crueles, y la sociedad parezca un circo de payasos..., qué bien sé yo que Jesús pasó por el mundo vestido de sinceridad. Aunque el tedio visite a viejos y jóvenes, y el odio anide en sus corazones, aunque día y noche tramen venganzas, y las flores vayan al basurero, y las campanas doblen por los difuntos, aunque el suicidio sea la única salida para muchos y la fatalidad parezca la única reina del mundo...

Qué bien sé yo que Dios es Amor, un Padre que cuida con la ternura de una madre. Aunque todo me salga mal y los infortunios lluevan sin cesar, yo creo en ti. Aunque vea a los hombres odiar, a los niños llorar, a los malos triunfar, a los buenos fracasar, yo creo en ti. Aunque haya sido degollada la paloma de la paz, yo creo en ti. Aunque todo me diga que no, yo creo en ti. Aunque todo subleve mi ser, aunque sienta ganas de morir..., yo creo en ti. Sin ti, ¿qué sentido tendría la vida? Tú tienes palabras de vida eterna. Tú eres la vida eterna. Amén.

CAPÍTULO II

POR EL ABANDONO A LA PAZ

Reconciliación

Generalmente, vivimos en la periferia de nosotros mismos, un tanto fugitivos de nuestro misterio. Ahí nos damos cuenta de que, en nuestro interior, reina frecuentemente un estado general de guerra: resentimientos en contra de uno mismo, en contra de los hermanos e, indirectamente, en contra de Dios; frustraciones, antipatías alimentadas... En fin, agresividad de todo color.

Con esta situación interior, resulta imposible la intimidad con el Dios de la paz. Por eso, sentimos la necesidad de pacificación, y percibimos que la paz regresará solamente por la vía de la reconciliación, reconciliación, sobre todo, con nosotros mismos. Así, sentimos la necesidad y el deseo de apagar llamas, sanar heridas, asumir historias dolientes, perdonarnos a nosotros mismos, perdonar a los hermanos y abandonar todas las resistencias. En suma, reconciliación general y, como fruto, la paz.

Abandono es una palabra muy ambigua. Al escucharla, la gente piensa en resignación, pasividad o fatalismo. No se trata de nada de eso, sino de todo lo contrario.

En todo acto de abandono, hay un *no* y un *sí*. No a lo que yo quería o hubiese querido. ¿Qué hubiese querido? Venganza contra los que me hicieron tanto mal. No a esa venganza. Vergüenza por ser yo tan poca cosa. *No* a esa vergüenza. Tristeza porque se me fue la juventud. *No* a esa tristeza. Rabia porque todo me sale mal en la vida. No a esa rabia. Se abandona, pues, siempre una resistencia. En cambio, *sí* a lo que tú quisiste o permitiste, oh, Padre.

Por esa razón, hablamos también de amor oblativo, pues existe oblación, muerte o negación. Se muere algo vivo: el deseo de venganza, el resentimiento por los fracasos y, en general, todas las resistencias interiores. Amor oblativo, y no emotivo, puesto que no existe compensación de satisfacción sensible. A nadie le gusta estar enfermo o fracasar. A nadie le agrada perder el prestigio, ser pasto de maledicencias o víctima de la incomprensión.

Podemos asumir éstas y otras eventualidades no con agrado, sino con paz, como quien abandona en las manos del Padre una ofrenda doliente y fragante: Padre, en tus manos me pongo, haz de mí lo que quieras. Poco a poco, la paz comienza a inundar el alma.

* * *

Todo aquello a lo cual nos resistimos se transforma en nuestro enemigo: si rechazas los dientes, los dientes son tus enemigos; si rechazas la nariz, la nariz es tu enemiga; si no te gusta este día lluvioso, el día es tu enemigo; si te molesta el modo de ser de una persona o su manera de hablar, la transformas en enemiga... Aquel ruido, esta tos, ese suceso... Todo lo que resistimos se nos transforma en enemigo. El bien y el mal están, pues, dentro de nosotros. Nosotros creamos a los enemigos.

El temor es otra manera de resistirse. Así, el temor crea los enemigos, pues engendra fantasmas inexistentes. El mal de la muerte no es la muerte en sí, sino el miedo a la muerte. El mal del fracaso no es el fracaso en sí, sino el miedo al fracaso. El mal de no ser amado no es no ser amado, sino el miedo a no ser amado. Al final, el único enemigo del corazón del hombre es el temor, que se encuentra en nuestro interior y que engendramos en la medida en que nos resistimos mentalmente.

A veces, el temor tiene otros nombres: *angustia, ansiedad, tristeza...* En el fondo, se trata de una resistencia emocional. Por ejemplo: nosotros creamos los disgustos. Aquel hecho desagradable sucedió hace tres meses, tal día, en tal lugar. Aquello quedó fijado en el tiempo y en el espacio. El disgusto comienza cuando nosotros tomamos aquel hecho y comenzamos a revivirlo, recordarlo, darle vueltas, pensar en él... Entonces, un hecho determinado se transforma en disgusto, pero lo engendramos nosotros, es algo subjetivo.

Es necesario despertar, puesto que, si no es así, viviremos sombríos, suspicaces, miedosos. Lo que nos disgusta ¿tiene remedio?, pongamos remedio. No hay nada que hacer, ¿qué se consigue resistiéndose a realidades que uno no puede cambiar? Se debe abandonar toda resistencia e inclinar la cabeza en las manos del Padre.

Nuestra vida está llena de situaciones límite. Nos encontramos con que todo, o casi todo, está consumado. La existencia misma no me la propusieron, me la impusieron. En la vida, ni entramos ni salimos: nos empujan a la vida y nos sacan de ella, y no precisamente cuando nosotros queremos.

Yo no escogí a mis padres, no escogí esta figura física, este sexo, este coeficiente intelectual, las tendencias morales, la estructura temperamental... Son fronteras absolutas que no se pueden alterar ni un milímetro. Yo no escogí a mi familia, la suerte de mi vida, la hora de mi muerte, el rumbo de mis actividades... Nos circundan, como anillos de fuego, la ley de la precariedad, de la transitoriedad, del fracaso, de la mediocridad, de la soledad, de la muerte... Somos esencialmente limitados.

Las fronteras absolutas se levantan como altas murallas en torno a nosotros.

En una proporción altísima, no podemos hacer nada. La zona de la libertad, es decir, aquello que podemos cambiar, es pequeñísima. ¿Qué hacer? En aquello que podamos alterar, se debe hacer todo lo posible para cambiar.

En lo que no se puede cambiar, se debe abandonar toda resistencia inclinando la cabeza en las manos del Padre. Todo lo que ha ocurrido hasta ahora son hechos consumados. Jamás serán alterados ni un milímetro. La gente se avergüenza o se irrita a causa de los hechos pasados. Con irritarse o con derramar lágrimas, los hechos consumados en nada cambian.

Resistencia y angustia

¿Qué diríamos de una persona que se golpea la cabeza contra la pared? ¿Quién sufre: el que odia o el que es odiado? El que es odiado quizá esté feliz, bailando en la vida; mientras que aquél que alimenta rencores se quema y se destruye inútilmente. ¿Qué diríamos del que toma en sus manos una brasa ardiente? Eso es lo que le sucede al que rememora sucesos desagradables: se quema de manera absurda, inútilmente. Hay que despertar. Es una locura pasar días y noches amargándonos al recordar aquella incomprensión, aquel fracaso, aquella equivocación... Ya no tiene solución, es un caso acabado. ¿Qué hacer? Abandonar la resistencia e inclinar la cabeza en las manos del Padre.

Contra la locura, está la sabiduría. Y, en este caso, la sabiduría consiste en una pregunta: ¿puedo yo cambiar esto que no me gusta? Si se puede cambiar, pongamos todo el esfuerzo para cambiarlo. ¿Qué se consigue con lamentarse? Pero si descubrimos que gran parte de las cosas que disgustan al hombre, lo entristecen o lo avergüenzan no tiene ninguna solución en absoluto, o la solución no está en sus manos, ¿qué se consigue resistiéndose? Sólo quemarnos, destruirnos. A estas alturas, nadie puede hacer nada para que lo que ya sucedió no hubiera sucedido.

Cuando nos encontramos así, con fronteras absolutas, se debe abandonar toda resistencia, asumir las cosas tal como son, inclinando la cabeza y diciendo: en tus manos me pongo. Y la paz comenzará a inundar el alma. En esto consiste la sabiduría. Cuanto más se resiste a un imposible, más oprime. Cuanto más oprime, más se le resiste. De esta manera, la persona entra en un círculo de angustia. *Angustia* es la sensación de estar oprimido, apretado. Pero no es que los fracasos o disgustos se aprieten contra nosotros, somos nosotros los que, al resistirnos emocionalmente a un hecho, nos apretamos en contra de ese hecho. Así, se generan los estados depresivos, obsesivos o maniacos, y mucha gente se siente infeliz, pues, al rechazar tanta cosa, vive dominada por las mismas cosas rechazadas, que, por rechazadas, se le fijan mentalmente.

Repito: ¿esto que rechazamos tiene algún remedio? Pues, manos a la obra. Abandonarse no significa cruzarse de brazos, sino agotar todas las posibilidades. En cambio: ¿no hay nada que hacer?, ¿todo está clausurado? Entonces, es necesario cerrar la boca, anular la resistencia, dejar que las cosas sean tal como son e inclinar la cabeza sobre las manos del Padre: en tus manos me pongo. Haz de mí lo que quieras.

* * *

Me dirás: ¿qué tiene que ver el Padre con nuestras mezquindades e injusticias? De esto depende, precisamente, la paz: de mirar o no las cosas en la perspectiva de la fe.

El Padre organizó el mundo y la vida según un sistema regular de leyes: las leyes del espacio, las leyes biológicas y las leyes psicológicas. Normalmente, el Padre respeta su obra, las cosas siguen su marcha natural, y sobrevienen los desastres y las injusticias. Sin embargo, situados en la órbita de la fe, para Dios no hay imposibles.

Hablando con objetividad, el Padre podría interferir en las leyes del mundo, descolocando lo que antes había colocado, irrumpir en la libertad humana y evitar así este accidente o aquella calumnia; no obstante, habitualmente, el Padre respeta la propia obra y permite las desgracias de sus hijos, aunque no las quiera. Ahora bien, si pudiendo evitarlas, no las evita, es señal de que las permite. De manera que nunca podríamos decir que una calumnia ha sido deliberadamente pretendida por el Padre, pero sí permitida. Siempre que hablamos de la voluntad de Dios, hablamos en este sentido.

Es, pues, una visión de fe. Detrás de los fenómenos, la fe descubre la realidad. Lo esencial queda siempre atrás, invisible. Los fenómenos se ven; la realidad no se ve. Los fenómenos se desvanecen; la realidad permanece. La santa voluntad de Dios es la realidad esencial. En esa realidad esencial es donde nos apoyamos y descansamos cuando decimos: en tus manos me pongo. Haz de mí lo que quieras. Ésta es la perspectiva de fe.

. Nunca me cansaré de repetirlo: la única ventana de salida, la única salida de trascendencia, el único consuelo y alivio que queda cuando llegan los golpes fatales de la vida, es la ventana de la fe. Cuando te enteres de que dispones sólo de un mes de vida, cuando te enteres de que tu prestigio se hizo polvo por una miserable calumnia o que te traicionaron los amigos, ¿dónde puedes encontrar consuelo?, ¿cómo saldrás de ese círculo de angustia? No quedará otra salida que la ventana de la fe. En medio de la fe, podrás decir: Padre, tú pudiste haber evitado eso; si lo permitiste, no quiero reclamar ni pedirte cuentas. Cierro la boca y en tus manos me pongo. Haz de mí lo que quieras, porque tú me amas, porque tú eres mi Padre. Y la paz comienza a inundar completamente el alma.

Las explicaciones psicológicas son verdad, pero una verdad de superficie. Las explicaciones biológicas y sociológicas son verdad, una verdad de primer plano. La verdad de fondo es Dios mismo, quien conduce todo con mano potente y amante, más allá de los fenómenos y apariencias, una mano que organiza y coordina, permite y dispone cuanto sucede a nuestro alrededor. Haz de mí lo que quieras. Y quedo en paz. Si vives en esta perspectiva de fe, no habrá en el mundo eventualidades imprevisibles ni emergencias dolorosas que puedan desmoronarte. Serás fuerte, casi invencible. Por tu parte, haz lo posible para solucionarlo todo. Lo restante, déjalo en sus manos.

Me preguntarás: ¿cómo se puede explicar esto? Si Él es mi Padre, me quiere y lo puede todo, ¿cómo puede consentir que a mí, su hijo, me hayan arrasado de esa manera? Te responderé: hablas así por ignorancia. Ignoras porque te mueves en la superficie. Contemplas, analizas y juzgas, como quien dice, con tu nariz pegada a la pared, y la pared se llama tiempo. ¿Qué sabes tú de lo que se esconde detrás del tiempo? ¿Qué sabes tú de lo que te sucederá dentro de cinco meses o cinco años? ¿Qué sabes tú de los misterios invisibles, pero muy reales, que se agitan en ese mundo divino, cuerpo vivo de Cristo? ¿Qué sabes tú del destino mesiánico por el que una persona puede sufrir y morir por los demás? ¿No decimos todos los días que Uno sufrió y murió por los demás? ¿No está la vida llena de enigmas que sólo se descifran a la luz de la fe? Lo esencial es invisible. Lamentablemente, como vivimos mirando la superficie, no sabemos nada de lo esencial, y, como ignorantes, soltamos palabras atrevidas y poco sabias.

Situaciones y episodios

Te quejas de no tener una brillante inteligencia. ¿No tienes a tu lado tipos mucho más inteligentes que tú y también mucho más infelices? Te quejas de haber nacido tímido y de carecer de encantos personales. ¿No conoces, por ahí, personas dotadas de altos encantos personales a quienes, precisamente, esos encantos les han complicado la vida? ¿Qué sabemos nosotros? Frente al mundo ignoto de las eventualidades, es mucho mejor pararse, cerrar la boca y decir: yo no sé nada, Padre mío. Solamente sé que me quieres. Quedo en silencio. Haz de mí lo que quieras. En tus manos, me abandono. Estoy de acuerdo con todo lo que permitiste.

Eran seis hermanas. Una quedó inválida a los quince años. No podía mover ni siquiera las manos. Era llevada a todas partes en un carrito, mientras todos repetían: pobrecita, tan bonita e inválida. Las otras cinco hermanas se casaron brillantemente y tuvieron espléndidas familias. Cuando todas ellas fueron ancianas, compartieron en unas vacaciones: hablaron mucho, evaluaron sus existencias y llegaron a la conclusión de que la más feliz de todas había sido la inválida del carrito. ¿Qué sabemos nosotros?

En mi vida, he comprobado que las grandes transformaciones generalmente tienen su origen en un gran disgusto o en una decepción. Muchas personas que llevaban una vida desordenada e infeliz, se reordenaron y equilibraron, luego de una enfermedad grave, y hoy en día, son felices. ¿Qué sabemos nosotros del otro lado de las cosas? ¿Cuántas veces está la aurora detrás de la montaña?

Mala cosa es que te hayan pulverizado el prestigio personal, pero mucho peor es vivir toda la vida esclavo del prestigio, lleno de ansiedad para lograrlo, y colmado de terror por haberlo perdido. Eso da mucha más infelicidad que si, de un golpe, te hayan derribado la estatua. Nosotros, ¿qué sabemos?

Pobrecita separada, dicen todas las señoras. El hecho es que ella, al ser abandonada por un marido cruel, se entregó de manera incondicional a la gracia. Dios la inundó de consuelo y de una felicidad tan grande, que hoy será difícil, por no decir imposible, encontrar, en la ciudad, a una mujer tan realizada y tan feliz como ella, mientras todas las demás opinan, al pasar a su lado: pobrecita, separada. Nosotros, ¿qué sabemos? No sabemos nada. Por eso, hablamos y soltamos palabras inconvenientes.

Hace quince años, aquel señor vivió la situación más injusta. Como se suele decir, acabaron con él. Debido a la gravedad del escándalo, tuvo que emigrar a otro país. Después de mucho tiempo de confusión, comenzó a mirarlo todo con criterios de eternidad. Este hombre fue creciendo en serenidad y madurez. Hoy es un hombre seguro, fecundo, maduro, lleno de paz. Mirando desde lo alto de la atalaya ese momento actual hacia quince años atrás, aquello que, entonces, parecía una desgracia horrible, hoy se ve con claridad que fue el amor más grande del Padre. En ese momento, comenzaron todos los bienes para este hombre. Si no hubiese sucedido aquello, lo más probable es que la vida de este hombre habría sido mediocre y triste. Definitivamente, nosotros no sabemos nada.

Me atrevo a agregar algo más: si tuviéramos la perspectiva de eternidad que tiene el Padre, a la hora de hacer nuestros juicios y análisis, consideraríamos que las cosas adversas que nos suceden son caricias y regalos del Padre. Entonces, Padre mío, yo no sé nada. Tú sabes y me quieres. En tus manos me pongo. Haz de mí lo que quieras. Estoy de acuerdo con todo lo que hayas permitido o habrás de permitir. Hágase, y el fruto será la paz.

Tiempo pasado, tiempo futuro

La vivencia del abandono se hace en dos tiempos: pasado y futuro. ¿Cómo vivir el abandono de ahora en adelante? Debes distinguir entre el esfuerzo y el resultado. La hora del esfuerzo es tu hora. Abandonarse no consiste en cruzarse de brazos; al contrario, debes hacer todo lo posible, poner todo el entusiasmo, toda la experiencia, buscando la colaboración de los demás como si todo dependiese de ti. No debes preguntar dónde está la voluntad de Dios. No esperes que baje un ángel para manifestártela: búscala tú mismo aplicando los criterios sanos de discernimiento.

Pero ¿qué sucede? Sucede que, aunque el esfuerzo depende de ti, el resultado no depende de ti, sino de una gran complejidad de causalidades. Por esta razón, la sabiduría dice que se debe levantar un gran muro que separe el esfuerzo del resultado. La hora del esfuerzo es tu hora; la hora del resultado es la hora del abandono.

Si los resultados no dependen de ti, es una locura que vivas preocupado. ¿Qué será? ¿Qué no será? Será lo que el Padre quiera. Tú haz, por tu parte, todo lo posible; lo restante déjalo en sus manos. Ocupado, sí; preocupado, no. Lucha, sí, pero con paz. No se consigue nada con preocuparse o angustiarse. Por vivir preocupados por los resultados, muchos queman grandes energías inútilmente. Antes de organizar un plan, mientras lo ejecutan, viven angustiados por el miedo al fracaso, encontrando oposición en todas partes. Sufren, destruyen energías; si el resultado ha sido negativo, se dejan oprimir por su peso, se tornan inseguros... Muchos males provienen del hecho de vivir preocupados por los resultados.

Acepta con paz todo aquello que tu esfuerzo no puede alcanzar. Abandónate en Dios a todas las limitaciones que te circundan. Acepta con paz el hecho de no ser aceptado por todos. Acepta con paz el hecho de querer ser humilde y no poder. Acepta con paz el hecho de no ser tan puro como quisieras. Acepta con paz el hecho de que los resultados sean más pequeños que los esfuerzos y de quedar siempre con un regusto de frustración. Acepta con paz el hecho de que el camino a la santidad sea tan lento, tan largo, tan difícil. Acepta con paz la ley de la insignificancia humana, que quiere decir que, después de tu muerte, las cosas serán iguales, como si nada hubiese sucedido. Acepta con paz la ley de la precariedad, de la transitoriedad, de la mediocridad, del fracaso, de la vejez, de la declinación de la vida, de la soledad, de la ley de la muerte. Acepta con paz el hecho de que los ideales sean tan altos y las realidades tan pequeñas. Acepta con paz el hecho de querer agradar a todos y no poder.

Padre, en tus manos me pongo. Haz de mí lo que quieras. Así, tu herencia será la paz, y tu morada también será la paz. Tienes que descubrir las fuentes secretas de resistencias y conflictos no para abrir las heridas, sino para curarlas. Reconciliarse es perdonarse. Y perdonarse es abandonar la resistencia en contra de alguien y, sobre todo, en contra de uno mismo. Ese alguien eres, principalmente, repito, tú mismo.

Aceptación de los progenitores

Los hijos creen que sus padres tienen la obligación de ser perfectos. Los niños tienen el complejo de omnipotencia, y, por eso, mitifican fácilmente a sus padres. Pasan los años y ven que los padres tienen defectos. Sufren, entonces, una gran desilusión. Ésta queda ahí como una herida abierta, sobre la cual, sin curarse todavía, caen nuevos acontecimientos. Las heridas siguen quedando abajo, sin curarse.

Otras veces, los padres carecen de cualidades, tienen defectos concretos o muestran una conducta incorrecta. En algunas ocasiones, se trata de un hogar económicamente pobre, sociológicamente insignificante: rudo golpe para el complejo de omnipotencia de un niño. Este conjunto de rechazos y frustraciones hace que muchas personas arrastren, a lo largo de su vida, una corriente subterránea, latente pero palpitante, de frustración generalizada. Muchas reacciones de suspicacia, despecho, decepción, hastío de la vida... no son sino una vía derivada de las heridas de la infancia no sanadas.

Tienes que curar esas heridas; es decir, necesitas reconciliarte con las fuentes de tu vida. Cierra los ojos, déjate llenar de la presencia del Señor y permite que la calma y la paz tomen posesión de ti. Mi Dios y mi Padre, acepto, con paz y amor, a mis progenitores con sus defectos y limitaciones. Si alguna vez sentí alguna secreta aversión hacia ellos, ahora mismo quiero reconciliarme. Mi Señor, de tus manos yo los acojo en este momento con gratitud, emoción y cariño. Y si ellos fallecieron: surja su recuerdo sagrado. En tu presencia y de tus manos, hoy los recibo, los abrazo y amo. Bendita sea para siempre su memoria, y bendito seas tú por ellos, mis padres. Yo, con ellos, en tus manos me pongo.

Aceptación de la figura física

Nuestras enemistades comienzan en la periferia. Lo que rechazas lo transformas en enemigo: los dientes, la nariz, el cabello, los centímetros de menos o kilos de más... Hay personas que sienten vergüenza de ser así; experimentan inseguridad, complejos y un secreto rencor, y atribuyen el fracaso de su vida a la carencia de atributos físicos. Es ridículo, pero se puede vivir así. Puede que tus manos no sean bonitas, pero ¿qué sería de ti sin ellas? Puede que tus ojos no sean bonitos, pero, a través de ellos, has gozado de la belleza del mundo.

Cada parte de tu figura cumple admirablemente su función. Esa figura que no te gusta es parte esencial de ti. Nunca te diré que te ames a ti mismo, pero sí que ames tu figura. Necesitas reconciliarte haciendo las paces con ella.

Ponte en la presencia del Señor, en calma, toma conciencia y detén tu atención en las partes que rechazas. Siente cariño por cada parte. Siente todo como parte integrante de tu identidad personal. Señor, dueño de mi vida, acepto de tus manos esta figura, parte de mi personalidad. Quiero y amo a esta figura como don de la vida y regalo de tu amor. Quiero paz conmigo mismo. Todo está bien. Me abandono a ti.

Aceptación de las limitaciones biológicas

Se vive una sola vez. Te gustaría pasar la vida con bienestar y salud. Sin embargo, las enfermedades están, como sombras, al acecho: desaparece una, y aparece otra, como si cada una esperara su turno. En la medida en que avanza la vida, aflorarán nuevas enfermedades. Alguna acabará por fin con tu vida. Cada persona tiene su historia clínica y una enfermedad que lo acompaña a lo largo de su vida: jaquecas, úlcera, insomnio, hipertensión, dolores en la columna vertebral... Tantos años luchando para superar esa enfermedad... y hoy estás peor que nunca. Es posible que esa enfermedad te acompañe hasta la muerte. ¿Qué se puede hacer? Tienes que hacer todo lo posible para sanarte. Si los resultados de tus esfuerzos son negativos, no te resistas, entrégate, rendido y sumiso, en las manos de Dios Padre.

El problema de la enfermedad no es la perturbación biológica, sino la resistencia mental. La enfermedad, en cierto sentido, deja de ser enfermedad en el momento en que se acepta. La muerte deja de ser muerte en el momento en que se acepta. El fracaso deja de ser fracaso en el momento en que se acepta. Es la llamada *parábola biológica:* se nace, se crece hasta llegar al cénit, y comienza la declinación hasta llegar a la decadencia total.

La gente sufre porque se resiste a tanta limitación. Pasan los años, se va la juventud, aparecen las canas, se pierde la vista, se gasta el organismo, y, en el momento menos pensado, nos hallamos en el umbral mismo de la muerte. La gente sufre mucho por estas despedidas.

Recógete, ponte ante el Señor, concéntrate en tus enfermedades o en las que temes padecer. En el misterio de la voluntad del Padre, acepta, una por una, lentamente, cada dolencia hasta que el temor se ausente y aparezca la paz. Después, imagínate en los últimos años de tu vida, marginado e inútil para todo; acepta, abandonado en las manos del Padre, la inevitable decadencia vital, la incapacidad y la espera de la muerte. No te resistas. Déjate llevar con serenidad y paz.

Padre, en tu sabiduría, organizaste así la vida. Estoy de acuerdo con todo. No sentiré de hoy en adelante tristeza porque la vida sea así, porque todo se me esté despidiendo. Cúmplanse tus designios. Estoy dispuesto a todo. Acepto con paz cada una de las enfermedades que tanto me limitan. Acepto con paz el descenso de mi vida y la incapacidad total en los últimos días de mi existencia. En tus manos, me pongo con mi vida y mi muerte, mi salud y mi enfermedad. Sí, Padre, haz de mí lo que quieras.

Aceptación de la personalidad

La fuente más secreta y fecunda de las frustraciones y los conflictos íntimos es el condicionamiento personal. La gente sufre y se autocompadece y no sabe por qué; siente tristeza de ser así, tan poca cosa, y, sin darse cuenta, se enciende en rencor contra sí misma. Todo esto es muy sutil, pues sucede en los niveles profundos e inconscientes de la personalidad. Por lo tanto, la persona no tiene conciencia de lo que le pasa ni de por qué le pasa. Tampoco tiene capacidad analítica: sufre instintiva y confusamente. Urge, pues, hacer las paces y reconciliarse con uno mismo.

* * *

Los conflictos son, en primer lugar, contra las limitaciones intelectuales: la vida es una sola, y tener que transitarla sin brillar ni triunfar por carencia de capacidad intelectual... Desde niño, desde la escuela, humillado, siempre reducido a los últimos lugares, sin poder triunfar económica ni profesionalmente, siempre en la mediocridad y el anonimato, avergonzado de sí mismo, el hombre, por sus limitaciones intelectuales, puede dejar crecer la planta del rencor en contra de él mismo, con lo cual quedará amargado para el futuro. Cuidado, hay que despertar de estas pesadillas suicidas.

Existen, sin embargo, fuentes más profundas de frustraciones. El hombre hace con frecuencia lo que no quiere y deja de hacer aquello que le gustaría realizar. Querría ser alegre, pero, a veces, nada lo alegra y todo lo entristece. Le gustaría ser equilibrado, pero, sin querer, es conducido por sus arrebatos emocionales y descontrolados. Hubiese querido ser suave, pero suele estar tan agitado... Siente envidias, y sufre. Siente rencores, y sufre. Le hubiera gustado ser humilde, pero es orgulloso. Quisiera ser puro, pero es sensual. Es tímido, sufre impulsos de fuga y tiene miedo de todo. Le gustaría ser encantador, pero no consigue agradar a nadie. Posee una sensibilidad enfermiza, y, con frecuencia, depresiones anímicas se fijan como sombras sobre su cielo. Todo esto en diversos matices y grados.

Es una desgracia ser así. ¿Quién tiene la culpa? ¿Quién ha escogido ser así? ¿Quién puede cambiar de modo de ser? Cuidado, puedes desesperarte y comenzar a castigarte a ti mismo. Perdonarse a uno mismo, aceptarse a uno mismo. He ahí una tarea tan difícil como necesaria.

* * *

Tranquilízate. Ponte en la presencia amante del Padre. Como un observador de ti mismo, toma conciencia de aquellos rasgos de tu personalidad que más te pesan y duelen. Deposítalos, uno por uno, como ofrenda de amor en las manos del Padre hasta que experimentes la paz.

Padre, en tus manos me pongo con lo poco que soy. Acepto de tus manos esta pequeña luz de mi inteligencia. En tu voluntad, acepto y amo el misterio de mis limitaciones. No quiero sentir tristeza por mi insignificancia.

Gracias, oh, Padre, por haberme hecho capaz de pensar. En tus manos, me entrego con lo poco que soy. Acéptame porque yo quiero aceptarme con paz, quiero aceptar esta extraña personalidad. La amo, porque te amo a ti. En tu amor, acepto las cosas de mí mismo que no me gustan, una por una, lentamente. Hágase tu voluntad. Gracias por mi destino eterno. En tus manos, me entrego con lo poco que soy. Haz de mí lo que quieras. A cambio, dame la paz.

Aceptación de la propia historia

Mucha gente vive triste, porque pasa la vida rememorando hechos negativos que la marcaron. Es necesario despertar. No permitas que entren en tu alma recuerdos dolientes e impulsos melancólicos. El tiempo no vuelve atrás. Lo que sucedió son hechos consumados que no serán alterados por nuestros rencores ni por nuestras lágrimas. Es una locura vivir golpeándose la cabeza contra la muralla inalterable de los hechos consumados, quemando energías inútilmente.

Recógete en la presencia de Dios. Entra dentro de ti mismo, zambulléndote en las páginas de tu historia. Uno por uno, asume los recuerdos dolorosos con un "me abandono en ti". Escala la adolescencia, la juventud, la edad adulta. Aquella crisis, en tus manos, la deposito, sí, Padre. Aquellas personas que influyeron tan negativamente en mi vida, sí, Padre. Aquel hecho que me marcó tan profundamente, sí, Padre. Aquellas primeras enemistades declaradas, aquel primer fracaso, aquella equivocación..., sí, Padre. Aquella persona que nunca me comprendió, aquéllas que intentaron hacerme mal, aquéllas que lanzaron falsos rumores detrás de mí..., sí, Padre. Aquella crisis afectiva, aquellos proyectos que se vinieron abajo, ya se sabe por culpa de quién, aquellos ideales que no pude realizar, aquella actitud arbitraria e injusta de aquel grupo, aquella calumnia que lanzaron detrás de mí..., sí, Padre.

Señor de la historia, dueño del futuro y del pasado, para ti nada es imposible. Permitiste que todo sucediera así. Porque me amas y te amo, extiendo para ti mi homenaje de silencio sobre todas las páginas de mi historia. Deposito en tus manos, como rosas de amor, todos los hechos dolientes desde la lejana infancia hasta este momento. Todo está bien. Que tu paz, oh, Señor, inunde completamente y para siempre mi alma. Tu paz. Amén.

Reconciliación con el hermano

Te has reconciliado contigo mismo. Ahora necesitas reconciliarte con tus hermanos. Por el perdón, llegará la paz. Perdonar es abandonar la resistencia contra el hermano. He aquí tres modos de perdón:

1. En unión con Jesús

Ponte en posición orante en presencia de Jesús. Cálmate. Concéntrate. Evoca, por la fe, la presencia de Jesús. Cuando hayas entrado en plena intimidad con él, evoca mentalmente también a aquel hermano con quien quieres reconciliarte, y dile a Jesús: Señor, entra dentro de mí. Toma posesión de todo mi ser. Tómame por completo por todo lo que soy, siento y tengo. Calma este mar de hostilidades y emociones adversas. Jesús, quiero sentir, en este momento, lo que tú sientes por aquel hermano, lo que tú sentías por él en la cruz. Jesús, asume tú mis sentimientos y perdónalo tú dentro de mí y por mí. Yo quiero asumir tus sentimientos. Yo contigo, y tú conmigo. Quiero perdonarlo como tú lo perdonas y amarlo como tú lo amas, sentir lo que tú sientes por él. Lo quiero, lo perdono, lo amo como tú lo amas. Sí, Jesús, quiero paz, quiero reconciliación.

2. *Perdón de comprensión*

Si supiéramos comprender, no haría falta perdonar. Interiorízate. Relájate. Descansa. Con suma tranquilidad, imagina a aquella persona con la que quieres reconciliarte y aplícale las siguientes reflexiones: fuera de casos excepcionales, nadie tiene malas intenciones, nadie es malo. Es probable que te hayan atribuido malas intenciones más de una vez, pero tú estás seguro de que nunca las tuviste. ¿No estarás ahora tú adjudicando al otro intenciones inexistentes? Si él te hace sufrir de esa manera, ¿has pensado ya en cómo lo harás sufrir tú a él? Si él dijo eso de ti, ¿qué le habrán dicho a él de ti? Quién sabe si lo que dijo lo dijo en un momento de ofuscación. Cualquiera, en un arrebato de descontrol, puede decir cosas de las que se arrepienta a los cinco minutos.

Lo suyo parece orgullo. No es orgullo, es timidez. Su actitud para conmigo parece obstinación. Es autoafirmación. Sus golpes secos no son agresividad en contra de mí, sino una manera de darse seguridad a sí mismo. Él es, ciertamente, difícil para mí. Sin embargo, más difícil es para él mismo. Con ese modo de ser sufro yo, es verdad, pero más sufre él. Si hay una persona en este mundo que desee no ser así, esa persona no soy yo, es él. Y, si él, deseando no ser así, no consigue cambiar, tendrá tanta culpa... Le gustaría agradar a todos, y no consigue agradar a nadie. Le gustaría vivir en paz con todo el mundo, pero siempre está en conflicto con todos. Le gustaría ser encantador, pero es desabrido... ¿Escogió él, realmente, este modo de ser? ¿Qué sentido tiene irritarse contra un modo de ser que él no escogió? ¿Merecerá la repulsa de mi parte? Al final, el injusto, ¿no seré yo?

El equivocado, ¿no seré yo? Si supiéramos comprender, no haría falta perdonar, y moraríamos en la paz.

3. *Desligarse*

Se trata de un acto de dominio mental por el que se desliga la atención. Aquella persona se te fija, se te prende. Tú te quedas con la atención puesta en ella. Perdonar consiste, pues, en cortar esa ligadura, en interrumpir ese vínculo de atención. Para ello, no empujes a esa persona fuera de tu mente, no la rechaces, pues se te fijará mucho más. Haz, sencillamente, un vacío mental. Suspende la actividad mental por un momento. No pienses en nada. Aquella persona se desprenderá sin más de tu recuerdo. Pronto regresará de nuevo ese recuerdo. No te impacientes. Suspende, otra vez, la actividad mental, hasta que goces de una paz plena.

Cuando tengas una historia penosa y reciente, no permitas que se te fije en la mente y abra heridas. Deslígate. Despréndete. Muchas veces. No pienses en nada. Haz un vacío interior. Cura diariamente las heridas. Dedícate a la reconciliación. Haz una obra de paz en el fondo de ti mismo. Así, serás hombre de paz y sembrarás paz.

Capítulo III

ENCUENTRO

Adorar en espíritu y verdad

Utilizaremos la palabra *adorar*.

Entre meditación y adoración, hay diferencias. Utilicemos una comparación: un botánico es a un poeta lo que un meditador, a un adorador.

Un botánico toma una flor como objeto de estudio. Después, con un bisturí, la secciona, de forma ordenada, en varias partes, y las coloca, también ordenadamente, sobre la mesa del laboratorio. Con ayuda del microscopio, a continuación, entiende la flor de manera analítica, a través de un instrumento, no obstante, él mismo está lejos de la flor. Un poeta, sin embargo, no toma la flor, es tomado por la flor. Seducido y sacado de sí mismo, entiende la flor vivencialmente, maravillado y agradecido, casi identificado con ella, no por partes, sino como un todo.

El meditador, así como el teólogo, considera a Dios o, mejor dicho, a los conceptos sobre Dios, como objeto de estudio. Luego, distingue esos conceptos y los divide, los organiza y coordina, saca las conclusiones y las aplica a la vida. Entiende a Dios, pues, analíticamente, mediante su inteligencia. Podría decirse que está, en cierto sentido, lejos de Dios. El adorador, en cambio, no toma a Dios, es tomado por Dios. Es un hombre eminentemente seducido; entiende a Dios viviéndolo, no de un modo analítico, no por medio de su inteligencia, sino llegando los dos a una alta unión con características vitales, como la admiración y la gratitud, no por partes, sino en una globalidad posesiva. Por ejemplo: bendice, alma mía, al Señor. Dios mío, ¡qué grande eres!, o: Señor, Señor, qué admirable es tu nombre en toda la Tierra. Aquí, existe un acto de admiración, acto admirativo y posesivo.

La meditación no es oración, aunque sí camino de oración. En una oración de intercesión, entran todos: los misioneros, los enfermos, etc. Una oración de alabanza incluye también a todo el mundo: las personas, las criaturas, etc. En una adoración, sin embargo, todo se ausenta, y sólo quedamos Él y yo; si no quedamos a solas, no habrá encuentro verdadero. Podrías estar entre cinco mil personas, donde todos oran y aclaman, pero si, en última instancia, no quedas a solas con tu Dios, no habrá encuentro real con Él.

* * *

Hay que empezar por admitir que todo encuentro es intimidad, y toda intimidad es recinto cerrado. Las grandes decisiones se asumen a solas, se muere a solas, se sufre a solas... La esencia del hombre es ser soledad y, después, ser relación. Soledad quiere decir "yo solo y sólo una vez". Ahora bien, si el hombre es soledad, Dios es supersoledad; si el hombre es misterium (es decir, experiencia inédita, incomunicable, irrepetible), Dios es supermisterium.

Me adelanto, pues, a afirmar que el encuentro será la convergencia de dos soledades o interioridades. Éste es el gran desafío a la hora de la adoración: ¿de qué manera, despojado de nerviosismos y tensiones, puedo llegar al mismísimo Dios, sobrepasando el bosque de imágenes y conceptos sobre Él? Yo digo: esta melodía, no sé por qué maravillosos resortes, despierta en mí a mi Dios. Si, con gran concentración, consigo quedarme con el mismísimo Dios, se desvanecerá la música, aunque siga sonando en mis oídos.

Dios está más allá de las criaturas, no por la distancia, sino porque Él es algo distinto de la evocación; o sea, al aparecer el evocado, desaparece la evocación.

Sumergido en la naturaleza, esta variedad de vidas, colores y formas suscita en mí la presencia vibrante y amante de Dios. Pero, si establezco una comunicación de atención total, quedándome a solas con Él, desaparecen las montañas, los ríos, los bosques... aunque sigan brillando al sol. En cuanto surgen los despertados, se acaban los despertadores. Él mismo no es la imagen con la que lo revestimos y representamos.

* * *

Sales en una noche estrellada, y observas: esa bóveda profunda evoca el misterio vivo del Eterno. Pero, si ingresas en una corriente de comunicación personal con el mismísimo Eterno, se esfuman las estrellas.

He aquí el problema: ¿cómo se puede llegar a la *soledad* de Dios?, ¿cómo nos quedaremos con Él mismo en la presencia simple y pura?

Revestimos a Dios con imágenes y formas conceptuales, pero Él mismo es algo diferente de los revestimientos. Bueno será subir a Dios por las criaturas, pero los profetas provienen de los desiertos, allá donde, de la monotonía implacable, emerge Dios en su soledad, en su sustancia ineludible, en su persona inalienable. En el jardín o en el campo, mil reflejos distraen, los sentidos se entretienen, y el alma se conforma con destellos de Dios. Sólo en la fe pura y en la naturaleza desnuda, refulge la presencia absoluta.

Es posible apagar la sed en las aguas frescas del torrente, pero el origen de las aguas está arriba, en el glaciar de las nieves eternas. El alma, seducida por Dios, no se conforma con un mensajero, con corrientes de aguas frescas. Suspira por la fuente misma, por el glaciar. Como sugiere san Juan: "No quieras enviarme de hoy más mensajeros, que no saben decirme lo que quiero. (...) Descubre tu presencia y máteme tu vista y hermosura. Mira que la dolencia de amor no se cura sino con la presencia y figura". San Juan de la Cruz comenta esta hermosa estrofa con estas palabras: "Como no hay cosa que pueda curar su dolencia sino la presencia y vista de su Amado, desconfiada de cualquier otro remedio, pídele en esta canción la posesión de su presencia". Nosotros aclaramos: no vestigios de Dios ni formas de Dios, sino Dios mismo.

* * *

Jesús le explicó a la samaritana: "Mujer, ustedes los samaritanos dicen que es en la cumbre del monte Garicín que se debe adorar al Padre; los judíos replican que es en el templo de Jerusalén. Yo te digo: ni aquí ni allí, en otro templo, mujer. Dios es espíritu, y es necesario que quienes lo adoran lo hagan en espíritu y verdad".

Es esa clase de adoradores la que el Padre necesita y espera. Como si agregara: mujer, tú no eres espíritu, pero tienes espíritu, plasmada a imagen y semejanza divina. Si Dios es espíritu y tú tienes espíritu, el verdadero lugar del encuentro con el Padre es el templo del espíritu y la verdad.

Ahora bien, ¿qué significan *espíritu y verdad*? Como ya he señalado, Dios es solo, el hombre es solo. Avancemos hacia la convergencia de esas dos soledades.

Convergencia de dos interioridades

El Concilio describe al hombre como constituido de una zona de interioridad o soledad: "A estas profundidades de sí mismo retorna el hombre cuando entra dentro de su corazón, donde Dios lo aguarda y donde él, el hombre, personalmente, bajo la mirada de Dios, decide su propio destino". Cuando te captes interiormente, percibirás que constas de diferentes niveles de profundidad, interioridad o interiorización, como si estos niveles fueran diferentes pisos de un edificio. Entre esos niveles, y más allá de ellos, percibirás en ti mismo algo así como una última instancia donde nadie puede hacerse presente salvo Aquél al que no le afecta el espacio, justamente porque esa estancia no es un lugar, sino un algo.

Escoto, teólogo franciscano, manifestaba, en la Edad Media, que la persona es la última soledad del ser. En los momentos decisivos, el hombre percibe vivamente ser, sólo y una sola vez, identidad inalienable y única.

Imagínate que estás agonizando en el lecho de muerte y que te rodean las personas que más te quieren en este mundo y que, con su presencia y cariño, tratan de estar contigo en ese momento tan decisivo, acompañarte en esa travesía de la vida a la muerte. Pues bien, por muchas presencias, palabras y afecto que recibas en ese momento, igualmente sentirás que estás solo. Las palabras de consuelo llegarán hasta tu tímpano, pero allá en las remotas y definitivas lejanías de ti mismo, donde eres tú mismo, diferente a todos, percibirás que estás y eres solo. Están junto a ti, pero contigo no está nadie ni nadie puede estar. Únicamente Aquél, que traspasa todo tiempo y todo espacio, está contigo.

El cariño, la compañía, las palabras, todo queda en la periferia de ti, no pueden acompañarte en ese viaje. En una palabra, es como si anunciaras: amigos y amigas, me voy, y nadie puede venir conmigo. Soledad.

Hay, pues, en la constitución de la persona algo que la hace ser ella misma, diversa de todos, y que, como una franja de luz, atraviesa y llena toda la esfera de la personalidad y le otorga personalización e identificación. Este ser uno mismo, solo y único, se percibe cuando se silencia todo el ser. La percepción de uno mismo (soledad) es el resultado de un *silenciamiento* total. Cuando sientas plenamente que eres tú mismo, podrás decir: Tú eres mi Dios.

La percepción posesiva de tu misterio *es el lugar*, el templo, donde se adora en espíritu y verdad. San Juan de la Cruz lo llamaba "silencio interior, soledad sonora, cena que recrea y enamora". Hoy en día hablamos de "percepción de la propia identidad". Pero, como ya he dicho, esta percepción sobreviene como efecto del *silenciamiento* de todo el ser.

Entra en tu habitación

Ya tenemos, pues, el escenario en el que se va a producir el encuentro. Pero ¿cómo adorar? Dice Jesús: primero, entra en tu cuarto interior y cierra las ventanas.

Estas palabras hay que entenderlas también en espíritu y verdad, ampliando el horizonte de su significado: se trata de otro entrar, de otra sala de visitas, de otro visitante. Es fácil cerrar las ventanas de cristal y las puertas de madera, pero éstas son otras ventanas y otras puertas. Es fácil encerrarse en un cuarto solitario y desligarse del mundo. No obstante, ¿qué conseguimos, si el mundo está dentro de nosotros? Ese cuarto del que habla Jesús es la última soledad del ser. Se trata de otro encuentro, un encuentro singular entre dos sujetos singulares que se hacen mutuamente presentes en un aposento también singular, en espíritu y verdad.

Nunca me cansaré de repetir que para que se presente Dios, para que su presencia en la fe se haga densa, consistente y refrescante, es necesaria una atención abierta, despejada de gentes y clamores, una sala de visitas vacía y silenciosa. Cuanto más se silencien las criaturas, cuanto más despojada esté el alma, tanto más puro y profundo será el encuentro.

Dice san Juan de la Cruz: "Aprendan a estar vacíos de todas las cosas, tanto interiores como exteriores, y verán cómo Dios resplandece".

La vida con Dios es una convergencia entre la gracia y la naturaleza. La gracia puede hacer prodigios, y los hace con frecuencia. Por ejemplo: sin necesidad de preparación ni técnicas, puede tomar a una campesina analfabeta y levantarla hasta las alturas más puras de la contemplación. Pero, normalmente, esto no sucede. La gracia se adapta a la naturaleza y cuenta con ella. La preparación de la naturaleza es tarea nuestra, es nuestra colaboración. Así como el trigo no brotará, si la tierra no está roturada y oxigenada, nosotros necesitamos preparar la naturaleza como recipiente para contener el misterio de la gracia. A la hora del encuentro, la preparación principal se llama *silenciamiento.*

Creo que la mayoría de los cristianos no llega a las experiencias profundas de Dios por no hacer este trabajo previo de despojo y *silenciamiento.* Es necesario entrar en la estancia solitaria y cerrar las puertas y ventanas para encontrarse con el Padre, dice Jesús. Al respecto, san Juan de la Cruz nos advertirá con palabras insuperables, que la condición previa para el encuentro a solas con el Padre es ésta: "La noche sosegada, la música callada, la soledad sonora, la cena que recrea y enamora".

Como reza el refrán oriental: cierra los ojos, y verás; haz silencio, y escucharás. En el silencio y en la fe; éste es el recipiente, el templo de la adoración.

Silenciamiento

El enemigo es la dispersión, que se da cuando las emociones te dominan, la ansiedad te oprime, la frustración te amarga, los proyectos te inquietan... Sentimientos y resentimientos, vivamente fijados, desintegran tu unidad interior. Te sientes como un amasijo incoherente de pedazos de ti mismo que tiran en diferentes direcciones. Tú, por dividido, te sientes vencido y, por desintegrado, derrotado, incapaz de ser señor de ti mismo, desasosegado y, como dice el pueblo, infeliz.

En este estado de cosas, acudes a la oración. Dios queda ahogado entre las olas de recuerdos, miedos, anhelos y proyectos. Hay que comenzar, pues, por calmar esas olas, silenciar los ruidos, controlar la dispersión y ser señor de ti mismo. De esta manera, serás capaz de centrar tu atención en el Señor en completa quietud. Pues, orar significa, precisamente, sujetar la atención y mantenerla centrada en un tú. El *silenciamiento* se hace en tres niveles: el mundo exterior, el mundo corporal y el mundo mental.

Mundo exterior

Un conjunto de fenómenos, sucesos y cosas se aferra a tu atención, perturba tu quietud interior, te excita y te disocia. Silenciar significa sustraer la atención a todo lo que bulle, de manera que quedes ajeno a todo, como si nada existiera. Piensa que los pájaros seguirán cantando, los motores zumbando y los niños gritando. Despega la atención de todo eso, como si todo lo oyeras y nada escucharas. Para ello, no te esfuerces en rechazar o expulsar de ti esos ruidos. Simplemente, suspende por un momento la actividad mental. Deja de pensar. Trata, pues, de desligarte, de alienarte, de ausentarte de todo lo externo, de manera que lo circundante no te atrape.

Mundo corporal

Aquí, el silencio se llama *relax*, y el verbo que se utiliza es *soltar*. El cerebro produce corrientes neuroeléctricas, que se acumulan e instalan en diferentes partes del cuerpo. Éstas producen tensiones y agarrotamientos musculares, que consumen y queman inútilmente energías, lo cual origina fatiga depresiva. La palabra clave, repito, es el verbo soltar. Se suelta lo que está atado o agarrado, en nuestro caso agarrotado. Sentirás la sensación de que tienes los nervios atados y los músculos contraídos. Silenciar significa relajarse, y relajarse significa soltar los nervios y músculos.

Toma, pues, una posición cómoda. El cuerpo erecto. Respira tranquilo. Como un señor que recorre sus territorios imponiendo paz. Quieto. Concentrado. Sereno. Comienza por relajar la cabeza. Suelta los músculos de la frente hasta que quede relajada, limpia, sin arrugas. Afloja los párpados y los ojos hasta sentirlos flojos, casi insensibles. Suelta la mandíbula, sin apretar los dientes. Deja caer los hombros, sin encogerlos hacia arriba. Suelta los brazos hasta que los sientas pesados, como vacíos, como muertos. Haz lo mismo con el pecho y el vientre, con las piernas y los pies. Suelta todo: nervios y músculos.

Experimenta ahora esta sensación viva y global: en todo mi organismo, reina una gran calma, un silencio total. Siéntelo.

Enseguida, ve soltando los nervios interiores, aflojándolos, relajándolos. Hazlo con el cerebro, con la garganta, con el corazón, con el vientre (sobre todo, con la boca del estómago) y, por último, con los intestinos. Para terminar, experimenta vivamente una sensación profunda y simultánea: en todo mi ser, reina un silencio total. Siéntelo.

Mundo mental

El mundo mental es una masa confusa en la que es difícil distinguir lo que es pensamiento y lo que es emoción. Todo está entremezclado: recuerdos, imágenes, proyectos, presentimientos, sentimientos, resentimientos, pensamientos, criterios, anhelos, obsesiones, ansiedades... Todo tiene que quedar silenciado.

También aquí deberás usar el verbo soltar o desprender. Percibirás que los recuerdos y deseos se te prenden. Suéltalos. Déjalos. Los recuerdos alegres, tristes, indiferentes... Suéltalo todo. Déjalo. No queda nada de tu vida pasada; es como una pizarra en la que se ha borrado todo lo escrito. Lo que hay hacia adelante, suéltalo también. Deja que todo desaparezca en el olvido. Expectativas, temores, proyectos, anhelos... Suéltalo todo de un golpe, como cuando alguien apaga la luz de una habitación y sobreviene la oscuridad. Haz un vacío total. Detén el motor de la mente. Que quede todo en silencio.

Distingue entre tu ser y tu conciencia, como si fuera una luz que brilla en una inmensa oscuridad. Tu conciencia (es decir, tú) se da cuenta de que todo está en silencio. En el pasado, no hay nada, todo está en silencio. En el futuro, no hay nada, todo está en silencio. Fuera de ti, no hay nada. Fuera de este momento, no hay nada. Dentro de ti, tampoco hay nada. Sólo existes tú mismo, un darte cuenta de ti mismo y de lo que te rodea. Te das cuenta de que todo tu cuerpo está en silencio. Tu cerebro está parado; tu mente, apagada. Experiméntalo todo así: tú eres tú mismo; el que percibe eres tú; lo percibido eres tú; eres uno y único, diferente de todos; eres tú solo y sólo una vez (soledad, unidad, mismidad).

La noche yace sosegada, la música callada, la soledad sonora. Se dan todas las condiciones para "la cena que recrea y enamora". Jesús advierte: ahora te darás cuenta de que el Padre está contigo. Aquella soledad última está ocupada por el Padre. Él ya estaba allí antes, pero la polvareda de los ruidos impedía percibir su presencia, ocultaba su rostro.

Quedarse con Él

Ahora bien, si te encuentras con el Padre en un recinto cerrado, ¿qué debes hacer?, ¿cómo lo adorarás? Jesús responde: no digas muchas palabras. Ahora que te has encontrado con el Padre en lo íntimo, permanece con Él.

¿Qué significa permanecer o estar con el Padre? Se trata de establecer una corriente *atencional* y afectiva con Él, una apertura mental en la fe y en el amor. Todo tu ser está quieto, concentrado, compenetrado y paralizado, prendido y adherido a un tú, a Él. Sin embargo, no se trata sólo de una apertura, sino también de una acogida. Si Él sale hacia mí, y yo salgo hacia Él, si Él acoge mi salida y yo acojo su salida, el encuentro viene a ser una convergencia de dos salidas.

Cuando dos presencias mutuamente conocidas y amadas se hacen presentes, se establece una corriente bidireccional de dar y recibir, de amar y ser amado, en una función simultánea y alterna de agente y paciente. Es un circuito vital de denso movimiento que, no obstante, se consuma en la máxima quietud. En este diálogo, no es necesario cruzar muchas palabras, ni siquiera mentalmente: las dos conciencias se entrelazan en una introyección nunca identificante y siempre unificante.

* * *

Así pues, el encuentro es un intercambio afectuoso en el que sabemos que se nos ama y amamos; es un trato de amistad en el que circula una corriente cálida y palpitante de persona a persona. "Estar con", "tratar con", "sentirse recíprocamente presentes", "intercambio de miradas"... serían expresiones aproximativas del significado vital del encuentro.

El encuentro es intimidad con Dios, y la intimidad es la convergencia de dos interioridades. Dios es interioridad. Dios es en sí mismo y por sí mismo. Dios es Amor. El amor explota primero hacia adentro (fase implosiva). Desde la eternidad, vienen realizándose, en el seno intratrinitario, las relaciones interpersonales por las que el Padre no es padre, sino paternidad, es decir, "proceso sin fin de engendrar"; y el Hijo no es hijo, sino filiación, "proceso interminable de ser engendrado". Ambos se proyectan, y nace la intimidad, que es una sustancia distinta de las dos interioridades, una tercera persona que arma un circuito vital en el que todo es común, y todo es propio, todo lo reciben y todo lo dan.

Dios salió de sus fronteras para derramarse. Así, llegó la fase explosiva del amor. El amor acumuló tanta fuerza expansiva, que reventó hacia afuera. El universo es, pues, una explosión violenta o un desbordamiento de Dios. En la cumbre de la Creación, Dios puso una flor, el hombre. Por el camino del amor, salió Dios al hombre, se le declaró y le declaró su plan e intención: formar con el hombre una familia, una comunidad de vida y amor. Su intención secreta y última era, sin embargo, esta otra: divinizar al hombre, hacerlo cada vez más semejante a Él.

Cuanto más profundo sea el encuentro, tanto más transformador, pues el más fuerte asume y asimila al más débil sin que ninguno de ellos pierda su identidad. Si el hombre responde afirmativamente a la invitación de Dios, en ese momento, comienza a formar la comunidad de vida. Dios sale al hombre por el camino del amor; el hombre sale hacia Dios por el camino de la fe, y, en medio, se da el encuentro.

* * *

La intimidad es siempre un recinto cerrado, tanto en el nivel humano como en el nivel divino. Las expresiones bíblicas referentes al encuentro señalan un clima de hogar. Por ejemplo: "Habitó entre nosotros"; "Vendremos y haremos una morada en él"; "Estoy a la puerta y llamo"; "Si alguien me abre, entraré y cenaré", "Yo con él y él conmigo"; "Ésta es la cena que recrea y enamora", etc. En una palabra, el encuentro es vivir y profundizar interminablemente en la relación interpersonal, en un clima entrañable y hogareño, vuelto el yo sobre el tú, entre Dios y el hombre.

El amor es esencialmente dinámico, por eso, Dios, que es amor, está siempre en acción. Nos invita, nos solicita, se nos ofrece y estimula las facultades del alma poniéndolas en movimiento. Ese movimiento se llama *relación*, relación yo-tú, que, a su vez, es una interacción del yo en el tú y del tú en el yo.

En un encuentro en vías de profundización, la intimidad intersubjetiva toma la totalidad del hombre. Se trata de una unión del hombre total, totalmente con Dios. Dicho de otra manera, Dios invade totalmente al hombre entero. Cuanto más intenso es el encuentro, su presencia más acciona, ilumina, inspira... a la persona en sus capacidades más profundas, como son los impulsos, los reflejos, los criterios..., que generan, a su vez, las decisiones y la conducta del hombre. Esto es, los impulsos, al salir afuera, emergen revestidos de Dios. Así, el hombre puede aparecer, ante el mundo, según la figura de Dios. La figura divina se hace visible a través de su figura. El mundo comienza, entonces, a divinizarse.

Transfiguración

Imaginémonos una sala oscura en la que no se ve nada. Encendemos un fósforo. Ahora, se ve algo. Aquí hay un libro, una pluma, un reloj... Pero el resto es profunda sombra. Encendemos cinco fósforos más. La sala comienza a animarse. Se advierte que hay personas, aunque no se distinguen sus perfiles. Encendemos ahora veinte fósforos. La sala se anima mucho más. Ahora se perciben los colores y la identidad de las personas cercanas. Encendemos cincuenta o cien cerillas. La sala se va reavivando, se observa a casi todas las personas, aunque el fondo sigue en penumbras. Prendemos unas lámpara poderosas. La sala se inunda de color y vida. Están clarísimos los perfiles de las personas y de los objetos. ¿Ha cambiado la sala? La sala ha quedado inalterablemente igual, nada se ha modificado.

Sin embargo, para mí todo ha cambiado. ¿Qué ha sido? Ha sido el prodigio de la luz. La luz ha hecho de la sala una presencia para mí. La sala estaba ahí, pero para mí no era perceptible, como si no existiera. La luz ha vivificado la sala para mí. Ha transformado la sala en un rostro, en una presencia.

Con Dios sucede lo mismo. Dios está inalterablemente presente en un ateo, en un santo y en un agnóstico, y no admite diferentes grados de presencia. Él es definitivamente pleno. Ahora bien, si yo rezo como un fósforo, Dios es como una profunda sombra, a lo sumo, un ente abstracto, nada o casi nada. Si rezo como cinco fósforos, Dios comienza a animarse, a ser Alguien. Si rezo como veinte fósforos, su rostro brilla sobre mí, Dios es más Dios, aunque Él mismo permanezca igual. Si rezo como cincuenta fósforos, Dios es más vivo, no es algo, es Alguien, una Persona, una presencia, un rostro. Si rezo como cien fósforos, su rostro está completamente iluminado y resplandece sobre mí. Dios ya no es un ente abstracto, es Alguien concreto, vivo y presente. Dios se torna en alegría, seguridad, libertad, sentido de vida...

Con un Dios vivo todo es diferente: se superan las dificultades, se vencen las repugnancias, se asumen los sacrificios... Las renuncias se transforman en libertad; las privaciones, en plenitudes; las cosas amargas, en dulces; la pobreza, en riqueza; la castidad, en plenitud... Con un Dios vivo todo es fácil: donde había violencia, pone suavidad; donde había egoísmo, pone amor... Y cambia por completo el rostro del hombre.

* * *

Si yo rezara como san Francisco de Asís, Dios sería *mi Todo*. Dios haría las veces de esposa amada, de madre cariñosa, de hermano solícito, de hacienda de mil hectáreas o de palacio deslumbrante. En una palabra, Dios acabaría por ser la gran recompensa, una fiesta, un banquete, Dios acabaría por ser un festín. Como dicen los Salmos: Tu nombre es mi gozo cada día, pero tú has puesto en mi corazón más alegría que si abundara en trigo y en vino. Me saciarás de gozo en tu presencia, de alegría perpetua a tu derecha. Así hablan los Salmos. En la medida en que seamos libres y felices, haremos libres y felices a los demás.

Quedarse con Dios y estar con Dios es lo mismo. Pero no es exacto decir que Dios está dentro de mí. Dios no está circunscrito al perímetro de mi piel. Sería más exacto decir: "Dios está conmigo". Y más exacto todavía: "Dios es conmigo. Fundamento fundante de mi realidad, en él existo, me muevo, soy". Si habláramos con precisión, diríamos que Dios no está en ninguna parte, Dios es, trasciende y abarca distancias y tiempos.

Estás conmigo

Cuando intentes celebrar un encuentro con el Señor, después de construir el templo del silencio en fe y paz, anúnciale: Estás conmigo. Tú me sondeas y me conoces. Tú me penetras, me envuelves y me amas. Estás conmigo. Estoy contigo. Estás sustancialmente en mi ser entero. Tú me comunicas la existencia y la consistencia. Eres la esencia de mi existencia. En ti existo, me muevo, soy. Estás conmigo. Las tinieblas no te ocultan, las distancias no te separan. Salgo a la calle, y caminas conmigo. Me enfrasco en el trabajo, y a mi lado te quedas. Mientras duermo, quedas velando mis sueños. No eres un detective que vigila, eres un padre que cuida.

A veces, tengo ganas de gritar: estoy solo. Nadie me quiere. Enseguida llega tu respuesta: estoy contigo. No tengas miedo. Estás en torno a mí; estoy en torno a ti. Estoy dentro de ti; estás dentro de mí. Con tu presencia activa, paterna y vivificante, alcanzas hasta las más remotas y profundas zonas de mi intimidad. En ti se alimentan mis raíces. Con tu mano derecha me cubres y me envuelves con tus brazos.

Estás conmigo. Sabes perfectamente cuándo estoy sentado, caminando o durmiendo. Mis caminos y andanzas te son familiares. A donde quiera que yo vaya, estás conmigo. Donde estoy yo, estás tú. Donde estás tú, estoy yo. Soy hijo de la inmensidad. Eres el alma de mi alma. Eres la vida de mi vida. Más yo que yo mismo. Más interior que mi propia intimidad. Eres aquella realidad total y totalizante dentro de la cual estoy completamente sumergido. Con tu fuerza vivificante penetras todo lo que soy y tengo. Estás conmigo.

No puedo escaparme de ti. Aunque yo fuera un águila invencible y escalara el firmamento para escaparme de tu aliento; aunque yo fuese un delfín de aguas profundas y, en un descenso vertical, me sumergiera hasta los abismos del mar para evadirme de tu presencia... Es imposible. Estás conmigo.

Aunque la aurora me prestara sus alas de luz y fuese volando hasta la esquina del mundo; aunque expresara: Oh, noche, cúbreme con tu manto negro. Tinieblas, préstenme sus alas negras para despistar a este perseguido... Es imposible. Estás conmigo. Tu presencia es fulgor que taladra y transfigura hasta las sombras. Oh, presencia, siempre oscura y siempre clara. Oh, misterio fascinante en el que convergen todas mis aspiraciones. Oh, vino embriagador que satisface todos mis deseos. Oh, infinito insondable que aquieta las quimeras del corazón. Estás conmigo. Estás conmigo.

Esto, vivido en toda su amplitud, profundidad e intensidad, es el encuentro. Es la experiencia de Dios, desde el cero hasta el infinito.

Capítulo IV

EJERCICIOS DE ORACIÓN

Lectura rezada

Si se te olvidó rezar, si no sabes qué hacer con Dios, te aconsejo que comiences a dar los primeros pasos con el apoyo del método que yo llamo *lectura rezada*.

La mente humana es una inquieta mariposa, errante como el viento. Necesita estar en perpetuo movimiento, saltando del pasado al futuro, de los recuerdos a las imágenes, de las imágenes a los proyectos, alguna vez con lógica, casi siempre sin ella. Es incapaz de permanecer fija en un objeto durante cinco segundos. Orar, en cambio, consiste en sujetar la atención y fijarla en el Señor. ¿Cómo hacerlo con una mente tan loca? Necesitamos apoyos. El apoyo es la oración escrita; el método, la lectura rezada.

Toma una oración escrita, por ejemplo, un salmo u otra oración. Advierte bien esto: no se trata de un capítulo de la Biblia para meditar, sino de un salmo o de una oración escrita. Comienza a leer despacio. Mientras lees, trata de vivenciar lo leído, esto es, de asumir, hacer tuyas las frases leídas, sentirlas, identificando la atención con el significado o contenido de ellas. Al concentrarte en el contenido de la frase, como el contenido es Dios, tu atención quedará con Dios. La palabra es puente de enlace, pero tu mente errante pronto se desprenderá de Dios y se dispersará. Fija de nuevo tus ojos en la oración escrita, y, otra vez, la palabra escrita controlará tu atención y la centrará en Dios. Tu mente se desligará para volar. Ten paciencia. Sigue leyendo. La palabra leída, que es una oración escrita, sujetará tu atención y la pondrá en Dios.

De pronto, te encontrarás con una frase con un mensaje importante. No prosigas. Para. Repite esa frase muchas veces, viviéndola, sintiéndola, uniéndote a Dios mediante ella. Ten en cuenta que, para unirte a Dios, te basta un solo puente. Por eso, repite sin miedo esa frase hasta que su novedad se agote o su contenido inunde completamente tu alma. Si no sucede esto, sigue leyendo muy despacio, asumiendo y vivenciando el significado de lo leído. De vez en cuando, vuelve atrás para repetir las frases más significativas. Si estás solo, pronuncia algunas frases en voz alta, eventualmente con los brazos extendidos u otras posiciones. Prosigue con una lectura reposada, concentrada, tranquila, uniéndote y llenándote de la presencia que emana de las palabras. Si, en un momento dado, te parece que puedes abandonar el apoyo de la lectura, deja a un lado las oraciones escritas y permite que el Espíritu se manifieste en ti con expresiones espontáneas e inspiradas.

Es conveniente que entiendas lo siguiente: el tiempo que tu atención deposita propiamente en Dios es, en realidad, muy breve, dada la naturaleza de la mente humana, siempre inquieta y versátil. No pretendas quedarte con Dios, por ejemplo, treinta minutos, ni siquiera treinta segundos. Confórmate, por lo menos al principio, con permanecer con él tres, cuatro, cinco segundos.

Ahora bien, estos instantes intermitentes pueden prolongarse a lo largo de, por ejemplo, noventa minutos. En este caso, podríamos decir que has tenido noventa minutos de oración, pero que, en realidad, sólo han producido breves instantes. Así se hace la lectura rezada.

* * *

A la vida espiritual la beneficia la siguiente práctica: aprende de memoria varios salmos, versículos de salmos o, simplemente, frases fuertes como "mi Dios y mi todo", "tú eres mi Dios" u otras. Cuando viajas en tren, en autobús, cuando caminas por la calle o estás ocupado en quehaceres domésticos, constituye una excelente ayuda espiritual repetir esas frases y unirse al Señor, mediante esas oraciones vocales memorizadas.

Salmos

Uno de los alimentos más sólidos para el alma son los salmos. Son portadores de densa carga de experiencia de Dios, están enriquecidos con el fervor de millones de profetas, hombres de Dios, a lo largo de tres mil años. Con esas mismas palabras, se comunicaban con el Eterno los apóstoles, María, Jesús joven, Jesús evangelizador, Jesús crucificado... son muy útiles para entrenarte en el trato personal con Dios. ¿Cómo hacerlo?

Selecciona los salmos que más te gusten. Repite aquellos versículos que más te llenan. Mientras repites las frases, déjate contagiar por la vibración divina. Trata de experimentar lo que experimentarían los salmistas, los profetas, María, Jesús... Déjate arrebatar por la presencia viva de Dios, déjate envolver por los sentimientos de asombro, admiración, contrición, humildad, consolación...

* * *

Para aquéllos que quieren tomarse en serio la vida con Dios, es conveniente hacer un estudio personal de los salmos. Como cada uno experimenta las cosas de manera diferente, puede suceder que lo que a mí me dice mucho a otro le diga poco. Por eso, tiene que ser algo personal, que llamo *estudio* en el sentido siguiente: un día, en un momento determinado y fuerte, trata con Dios, habla con Dios, mediante uno de los primeros salmos, como instrumento de unión.

Cuando te encuentres con una estrofa que te diga mucho, después de repetirla varias veces, subráyala con un lápiz. Si un versículo te resulta particularmente estimulante y rico, puedes subrayarlo con varias líneas, según el grado de riqueza que percibas. Coloca, al margen, la idea que te inspire ese párrafo con una palabra (*alabanza, adoración, confianza...*) o que indique la idea que te inspira aquel versículo.

Puede suceder que un mismo salmo un día te diga mucho y otro día te diga poco, pues podemos percibir una misma cosa de diferentes maneras en diferentes momentos. Si el salmo no te dice nada, déjalo en blanco. Otro día, estudia otro salmo de la misma forma. Y, así, los ciento cincuenta salmos. Al cabo de uno o dos años, tendrás conocimiento personal de todos ellos. Cuando quieras alabar, adorar o necesites consolación, ya sabrás a qué salmos acudir.

Lectura meditada

Decía santa Teresa que, durante catorce años, no pudo meditar sino con lectura. Y añadía: "Si no era acabando de comulgar, jamás osaba comenzar a tener oración sin un libro". Y, si no lo tenía, sentía el miedo o la inseguridad de quien se tiene que enfrentar con un ejército. Tal ejército era, naturalmente, el enjambre de distracciones e imaginaciones. Según su relato, una vez con el libro en la mano, quedaba consolada y tranquila, como si el libro fuera un escudo de defensa. "Muchas veces, en abriendo el libro, no era menester más" (sus pensamientos entraban en orden). "Otras leía poco, otras mucho" (según los estados de ánimo).

La meditación es una actividad mental en la que se manejan conceptos e imágenes explicando, aplicando, combinando diferentes ideas, a fin de descubrir la intención del escritor sagrado, profundizar en la vida divina, construir una mentalidad, armar criterios de vida y juicios de valor.

No es fácil meditar: al mismo tiempo que la mente va y viene, tiene que ser una actividad controlada y ordenada. También aquí necesitamos un lazarillo o unas muletas, un apoyo. El apoyo es la palabra escrita, y el método es la lectura meditada. Consiste en que la palabra escrita sujeta la atención y la conduce por los senderos de una reflexión ordenada. Tiene que ser un libro cuidadosamente seleccionado, que no disperse, sino que concentre, que ponga y mantenga al alma en la presencia de Dios.

Naturalmente, el libro de los libros es la Biblia. También, en este aspecto, sería conveniente que cada uno realizara su estudio personal, supiera dónde están los grandes fragmentos, por ejemplo, sobre la fe, la consolación, el amor, la precariedad de la vida, los momentos más importantes de la vida de Jesucristo, etc.

* * *

Antes de iniciar la lectura meditada, es conveniente que decidas sobre qué tema o capítulo de la Biblia quieres meditar. Toma una posición adecuada y, después de pedir la asistencia del Espíritu Santo, comienza a leer despacio, muy despacio. En cuanto leas, trata de entender lo leído, captar el significado natural de la frase en su contexto y también la intención del autor sagrado. Si aparece alguna idea que te llame la atención, detente ahí y, después de entenderla, analízala, mírala desde una y otra perspectiva y... ¡aplícala a tu vida! Si no sucede esto, continúa leyendo despacio, comprendiendo lo que lees.

Si aparece un párrafo que no entiendes, vuelve atrás, haz una amplia relectura para situarte en el contexto y trata de entender el párrafo. Prosigue leyendo lenta y atentamente. Si, al meditar, se conmueve tu corazón y sientes ganas de alabar, agradecer, suplicar..., da rienda suelta al corazón. Si esto no ocurre, sigue leyendo lentamente, rumiando lo que lees.

Si un pensamiento te impacta fuertemente, cierra el libro. Observa esa idea, aplícala a tu vida, saca las conclusiones hasta que hayas agotado toda la riqueza que ese pensamiento encierra. Si esto no acontece, prosigue con una lectura reposada, concentrada, tranquila. El objetivo es que la lectura meditada impulse el alma a la presencia de Dios. Es normal que la meditación acabe en oración. Procura también hacerlo tú así. Procura, además, que esta lectura meditada desemboque en criterios concretos de vida para utilizarlos a lo largo del día.

Oración de elevación

Este ejercicio supone una salida: el alma, asentada en una frase, sale de sí misma hacia un tú. Esto es, al asumir y vivenciar el significado o contenido de la frase, ésta toma la atención, la transporta y la deposita en un tú. Hay, pues, un movimiento o salida. De esta manera, todo yo queda en todo tú, queda fijo e inmóvil. Hay, pues, también una quietud. Es una adoración estática.

No debe haber movimiento mental, es decir, no debes preocuparte de entender lo que la frase expresa. Entender es siempre movimiento, es "un ir y venir". Por ejemplo, si digo: "tú eres inmensidad infinita", al pretender entender la frase, la mente comienza a analizar qué significa inmenso en relación con el espacio; como Dios es espíritu, trasciende el espacio.

Eso es entender; a lo sumo, meditar.

Durante la adoración, en cambio, no debe ejercerse ninguna actividad analítica. Por el contrario, la mente, impulsada por una frase, se lanza hacia un tú y queda prendida, fijada en el tú, quieta y adherida, admirativa, contemplativa, posesiva, amorosamente. Es contemplación, no meditación.

Un objeto o una verdad, según desde dónde se mire, aparece diferente, pero es el mismo objeto o la misma verdad. Dios, como infinito que es, tiene innumerables facetas o perspectivas. Es descanso, es fortaleza, es eternidad, es inmensidad, es paternidad... No debes preocuparte de entender cómo ni por qué es eterno o inmenso, sino de mirarlo y admirarlo estáticamente, ahora como eterno, luego como inmenso, etc.

* * *

Toma una posición orante. Aíslate de ruidos y presencias. Silencia todo el futuro y el pasado. Deslígate de preocupaciones y proyectos. Fuera de ti, no hay nada. Fuera de este momento, no hay nada. Sólo existes tú mismo, presente en ti mismo. Haz presente en la fe a Aquél en quien existimos, nos movemos y somos, a Aquél que penetra y sostiene todo. Comienza a pronunciar las frases con voz suave. Trata de vivir lo que enuncian hasta que tu alma quede impregnada con su sustancia. Después de pronunciarlas, permanece, durante quince segundos o más, en silencio. Mudo, estático, como quien escucha una resonancia, con tu atención inmóvil, compenetrada posesivamente, identificada con la sustancia de las frases, que es Dios mismo.

Puedes repetir muchas veces una misma frase. En este ejercicio, tienes que dejarte arrebatar por el tú. El yo casi desaparece, mientras que el tú está presente de manera sostenida.

He aquí algunas expresiones que puedes utilizar tú mismo: Tú eres mi Dios. Desde siempre y para siempre, tú eres Dios. Tú eres eternidad inmutable. Tú eres inmensidad infinita. Tú no tienes principio ni fin. Estás tan lejos y tan cerca... Tú eres mi todo. ¡Oh, profundidad de la esencia y presencia de mi Dios! Tú eres mi descanso total. Sólo en ti siento paz. Tú eres mi fortaleza. Tú eres mi seguridad. Tú eres mi paciencia. Tú eres mi alegría. Tú eres mi vida eterna, grande y admirable Señor...

El ejercicio puede durar cuarenta y cinco, cincuenta o sesenta minutos.

Ejercicio de acogida

Así como en el ejercicio anterior tú *sales* hacia Dios, en este ejercicio de acogida permaneces quieto y receptivo. Dios *sale* y llega a ti, y tú acoges gozoso esa salida.

Es conveniente hacer esta práctica con Jesús resucitado y presente. Debes utilizar el verbo sentir, pero, cuidado, no en el sentido de *emocionarse*, sino en el de percibir. ¡Se pueden percibir tantas cosas sin emocionarse! Siente cómo la presencia resucitada y resucitadora de Jesús entra e inunda todo tu ser en la fe y llega hasta los últimos rincones de tu alma. Siente cómo esa presencia toma plena posesión de tus dominios. Siente cómo toca y cura Jesús esa herida que te duele, cómo saca la espina de esa angustia que te oprime, cómo te alivia y libera de esos temores, de aquellos rencores...

Luego, salta a la vida, a tu casa o a tu trabajo. Acompañado de Jesús, da un paseo por el lugar en el que vives o trabajas. Preséntate ante aquella persona con quien tienes conflictos. Imagínate cómo la miraría Jesús: mírala tú con los ojos de Jesús. ¿Cómo sería la serenidad de Jesús, si tuviera que enfrentarse con aquel conflicto, afrontar esta situación...?; ¿qué le diría a esta persona?; ¿cómo atendería en aquella necesidad? Imagina, en fin, toda clase de situaciones, aun las más difíciles, y déjalo a Jesús actuar a través de ti. Mira por los ojos de Jesús, habla por su boca, que su semblante aparezca por tu semblante. No seas tú quien viva en ti, sino Jesús.

* * *

Es un ejercicio transformador. Asume, igual que en el ejercicio anterior, una posición orante y, después de pronunciar y vivenciar la frase, quédate un tiempo quieto y en silencio, permitiendo que la vida de la frase resuene y llene el ámbito de tu alma.

He aquí algunas frases que te pueden servir para hacer este ejercicio: Jesús, entra dentro de mí. Jesús, toma posesión de todo mi ser. Tómame con todo lo que soy, lo que siento, lo que hago. Toma lo más íntimo de mi corazón. Cúrame esta herida que tanto me duele. Sácame la espina de esta angustia. Retira de mí estos temores, rencores, tentaciones. Jesús, ¿qué quieres de mí? ¿Cómo mirarías a aquella persona? ¿Cuál sería tu actitud en aquella situación difícil? Lo que tú harías quiero hacerlo yo. Que los que me ven te vean, Jesús. Transfórmame todo en ti. Sea yo una viva transparencia de tu persona...

Este ejercicio debe durar también cuarenta y cinco o cincuenta minutos.

Ejercicio visual

Toma una estampa expresiva. Puede ser una imagen del Señor, de María o de otro motivo. Lo importante es que refleje impresiones fuertes, como bondad, fortaleza, paz, etc. Más importante todavía es que esa estampa te diga mucho.

Adquiere una posición orante. Haz de nuevo los ejercicios de "silenciamiento". Coloca la estampa en tus manos. Primero, por unos minutos, mira con serenidad la estampa, tan sólo mirarla; obsérvala globalmente y en sus detalles, sin analizar, sin pensar. Después, durante un rato más prolongado, trata de captar, de manera intuitiva, las impresiones que esa estampa te evoca. Hazlo de manera reposada, concentrada, tranquila...

* * *

¿Qué te sugiere esa figura? A continuación, transfiérete a la estampa, esto es, con suma tranquilidad, trasládate mentalmente a esa imagen, como si te identificaras con ella, como si tú fueras esa imagen o estuvieras en su interior. Así, reverente y quieto, déjate inundar e impregnar por aquellas impresiones que la imagen te evoca, hazlas tuyas y, vivamente fusionado con esa figura, permanece largo rato hecho una misma cosa, con la disposición interior de Jesús que la estampa expresa. Por último, en este clima, trasládate mentalmente al lugar en el que vives o trabajas. Imagínate situaciones difíciles y supéralas con los sentimientos de Jesús que acabas de experimentar.

Ejercicio auditivo

Toma una posición adecuada y orante. Envuélvete en una atmósfera de quietud. Libérate de los ruidos y las voces que suenan a tu alrededor. Acalla completamente tu cuerpo, soltando músculos y nervios. Abandona los recuerdos del pasado y las preocupaciones del futuro. Quédate en un presente simple, puro y despojado. Sólo tú contigo mismo.

Ahora, ingresa lentamente en el mundo de la fe. Elige una frase muy breve, por ejemplo, *Mi Dios y mi todo o una sola palabra, Padre, Jesús, Señor...* Comienza a pronunciarla suavemente cada quince, veinte o más segundos. Trata de vivirla, hacerla tuya, asumiendo su contenido o significado. No lo hagas con violencia interior, sino con sumo sosiego y calma. El silencio que sigue debe ser un silencio sonoro en el que continúe resonando la frase o la palabra como un eco.

Descubre cómo la presencia encerrada en esas palabras va bañando tu ser entero, hasta que todas las energías mentales queden impregnadas por ellas. Haz una repetición cada vez más distanciada de las palabras y que el silencio termine por desplazarlas y sustituirlas.

Este ejercicio tiene una variante, que consiste en que la palabra sea articulada en el momento de la espiración, esto es, al expulsar el aire de los pulmones. Habrás advertido que, al inspirar, tu cuerpo se infla y tensa. Al espirar, en cambio, se relaja. En esta variante, aprovechamos la fase naturalmente relajada del cuerpo, que es la espiración, para pronunciar con más profundidad la frase y unirnos de forma más viva al Señor.

Así, muy despacio, el cuerpo y el alma pueden ir entrando en una combinación conjunta y armónica, hasta que todo tu ser –cuerpo y alma– se colme de la presencia del Señor. Puedes encontrarte con efectos sorprendentemente benéficos.

Ejercicio dentro de Jesús

Ser cristiano consiste en sentir y vivir como Jesús. Sentir como Jesús consiste en tener la misma disposición que Él. Esta disposición está tejida de emoción, convicción y decisión. Tener los mismos sentimientos que Cristo Jesús consiste en vivir su temperatura interior, en participar de su vida profunda. Y, para eso, necesitamos descender, en el Espíritu Santo, a los manantiales primitivos y originales de Cristo Jesús, donde nacen los impulsos, las decisiones y la vida.

Esta zambullida en las armónicas profundidades de Jesús sólo será posible en el Espíritu Santo, que enseña toda la verdad, objetivada, sustantivada, el mismo Cristo Jesús.

Adopta, pues, una posición orante, más bien relajada. Silencia todo: el mundo exterior, el cuerpo, la mente. Ponte en actitud de fe, pide una asistencia especial al Espíritu Santo. Imagina a Jesús en adoración, de noche, en la montaña, bajo las estrellas. Luego, recoge las facultades, concéntrate y, con infinita reverencia, en fe y paz, asómate al interior de Jesús.

Con la sensibilidad del Espíritu Santo, trata de detectar, algo de lo que sucede en esos abismos. Sumergido en esta atmósfera, quieto e inmóvil, intenta presenciar lo que Jesús vivía. ¿Cómo se sentía Jesús cuando decía, por ejemplo: santificado sea tu nombre? ¿Cómo serían la admiración y la veneración de Jesús por el Padre al expresarle: Padre, glorifica tu nombre, o al rezar el Padrenuestro? ¿Cómo sería aquella actitud de ofrenda y sumisión que Jesús experimentaría ante la voluntad del Padre cuando declaraba: no se haga lo que yo quiero, sino lo que quieras tú? O cuando afirmaba: hágase tu voluntad. ¿Qué sentía al manifestar: así como tú y yo somos uno...?

Trata de revivir todo esto, de participar de esas vivencias íntimas del Señor. Éste es el conocimiento que supera todo conocimiento. Ésta es la eminencia sublime del conocimiento de Cristo Jesús, mi Señor, que consideraba san Pablo.

* * *

Luego, regresa mentalmente a la vida. Imagina situaciones difíciles y enfréntalas con la disposición interior de Jesús. Haz aquí una inversión. Hasta ahora tú te has puesto en el lugar de Jesús. Ahora, coloca a Jesús en tu lugar: "¿Qué haría Jesús si estuviese en mi caso?"; "¿Cuál sería su reacción si le hicieran lo que a mí me hicieron?"; "¿Cómo quedaría el corazón de Jesucristo si lo marginaran como a mí, si se encontrara en este conflicto...?". El objetivo de la oración es vivir como Jesús, ser como Él.

Oración escrita

En momentos de emergencia –por ejemplo, en tiempos de suma aridez, aguda dispersión o graves disgustos–, la oración escrita puede ser la única manera de orar. Se trata de escribir sencillamente aquello que uno quiere o quisiera comunicarle a Dios. Es uno de los medios más eficaces para sujetar la atención; tiene, además, la ventaja de que se puede orar más tarde, en otras ocasiones, con esas mismas palabras.

Oración contemplativa

En la medida en que el alma se va elevando y profundizando en sus relaciones con el Señor, van desapareciendo las palabras, primero, las exteriores y, luego, las interiores. Las palabras contienen conceptos. Los conceptos, pequeñas partes o partículas de Dios. Sólo el silencio puede abarcar a Aquél que es infinito.

Cuando el encuentro con Dios es cada vez más contemplativo, tiende a ser cada vez más simple, más profundo y más posesivo. Ya no hay reflexión, ya no hay conocimiento, hay un simple *darse cuenta*. En este momento, el trato con Dios es intuición, posesión, integración, unión. La reflexión caducó. Cuando la mente se pone a reflexionar, queda sujeta a la inestabilidad, multiplicidad, a la inquietud y el movimiento. Esto divide y turba. Por eso, en la medida en que el encuentro es más contemplador, la reflexión tiende a desaparecer, y el encuentro, entonces, es simple totalizador. Quieto. Donde hay posesión, no hay movimiento.

En esta ocasión, el medio de experimentación de Dios no es la inteligencia, sino la persona total. Por eso, se abandona el lenguaje, y la comunicación se efectúa de ser a ser, de persona a persona. Así, en la contemplación desaparece la actividad mental o la intelección y, en un acto simple y total, el contemplador se siente en Dios, con Dios, dentro de Él, y Él dentro de ti.

Se trata, pues, de una especie de intuición, densa y penetrante al mismo tiempo, sobre todo muy vivida, sin imágenes, sin pensamientos. Los pensamientos representan a Dios, pero, en esta circunstancia, no hace falta representar, porque Dios está presente, está contigo. Es una vivencia inmediata y consciente de la gran realidad. Vivencia, no inteligencia. Inmediata, que quiere decir sin intermediarios, palabras o ideas.

Y no es una realidad difusa, sino Alguien cariñoso, familiar, concreto, queridísimo. Vivencia inmediata de Dios.

Por eso, el contemplador vive sumergido en el silencio. Aunque no hay diálogo de palabras, ni siquiera mentales, en la contemplación, hay una corriente cálida y palpitante de comunicación. Es, pues, un silencio poblado de asombro y presencia.

Como reza el salmo 8: "Señor, Señor, ¡qué admirable es tu nombre en toda la tierra!". O como el primer versículo del salmo 103: "Bendice, alma mía, al Señor. Dios mío, ¡qué grande eres!". No afirma nada, nada explica, el contemplador nada entiende ni pretende entender, llegó al puerto y entró en el descanso sabático, en la Tierra Prometida. Se halla en la posesión colmada en que los deseos y las palabras callaron para siempre.

Al contemplador le basta con estar a los pies del Otro, sin saber y sin querer saber nada, sólo mirando y sintiéndose mirado, como en un sereno atardecer en el que se han colmado completamente las expectativas, donde todo parece una eternidad quieta y plena. Podríamos decir que el contemplador está mudo, embriagado, identificado, envuelto y compenetrado por la Presencia. Como dice san Juan de la Cruz: "Quedeme y olvideme, el rostro recliné sobre el Amado, cesó todo y dejeme, dejando mi cuidado entre las azucenas olvidado". San Juan de la Cruz ofrece las siguientes señales para saber que estamos en la contemplación: "Cuando el alma gusta de estarse a solas con atención amorosa y sosegada a Dios".

Permitir al alma reposar en sosiego y quietud, aunque le parezca estar perdiendo el tiempo, en paz interior, quietud y descanso.

Dejar al alma que descanse de todo discurso mental, sin preocuparse de pensar o meditar.

* * *

Tan compleja como es la contemplación, nosotros vamos a reducirla a estas dos palabras: *silencio y presencia.*

Escoge un lugar, en lo posible, solitario: una capilla, una habitación o un cerro. Para esta práctica, reserva un tiempo *fuerte* en que no estés acosado por prisas ni por preocupaciones. Toma una postura cómoda y orante, en quietud y tranquilidad. Instaura el silencio. Suelta todo el cuerpo y siléncialo parte por parte. Suspende la actividad de los sentidos. Haz un vacío interior. Apaga recuerdos. Desliga preocupaciones. No pienses en nada.

Mejor, no pienses nada. Quédate más allá del sentir y de la acción, sin fijarte en nada, sin mirar nada, ni dentro ni fuera de ti. Fuera de ti, no hay nada. Dentro de ti, no queda nada. Sólo tú quedas despierto: tu cerebro, tu mente, tu cuerpo... Todo está en silencio. Tú eres sólo eso: una atención de ti mismo a ti mismo, una atención purificada por el silencio en paz.

Ahora, abre esa atención al Señor en la fe, como quien mira sin pensar, como quien simplemente ama y se siente amado. Evita figurarte a Dios, toda imagen o forma de Dios debe desaparecer. Tienes que silenciar a Dios de cuanto signifique localidad. A Dios no le corresponde el verbo *estar*. Dios no *está* lejos, cerca, arriba, abajo... Dios no está en ninguna parte. Dios es, trasciende y, por consiguiente, abarca y comprende todo tiempo y espacio. Él es. Él es la presencia pura y amante, envolvente y omnipresente. Sólo queda un tú para el cual yo soy en este momento una atención abierta, amorosa y sosegada. Él me mira, yo lo miro.

* * *

Haz el ejercicio auditivo con estas palabras: Tú me sondeas, me conoces, me amas. Repítelo cada vez más suavemente, cada vez más lentamente, hasta que la palabra caiga por sí misma. Quédate sin pronunciar nada con la boca, nada con la mente. Recuerda: sólo el silencio puede abarcar a Aquél que es. Tú eres como la playa; Él es como el mar. Tú eres como el campo; Él es como el sol. Déjate inundar, iluminar, vivificar. Déjate amar.

Tú me sondeas, me conoces, me amas…

Capítulo V

ORACIÓN Y VIDA

¿Rezan y no cambian?

Algunos dicen: ¿para qué rezar? Mira qué inmaduros son y cómo viven de descontentos los que rezan. Pero, si algunas veces los que rezan son así, no es por rezar, a lo sumo, podría ser por rezar mal o por no rezar bien. En todo caso, uno se pregunta: si rezando son así, ¿cómo serían si no rezaran?

Por otra parte, los que nunca rezan necesitan atacar a los que rezan; es un mecanismo de defensa. No se puede decir tan alegremente: rezan y no cambian. Cualquiera sabe por experiencia propia que, si sufrimos un arranque agitado que todos presencian, también hemos logrado con anterioridad siete logros que nadie vio. Para cuando notamos una mejoría en nuestro carácter, ¡cuántas superaciones hemos tenido que realizar! La gente hace esfuerzos sostenidos, pero, en silencio, nadie los conoce. La transformación es evolutiva y sumamente lenta. No hay saltos, sino pasos.

Así y todo, esa incoherencia entre la oración y la vida siempre me ha inquietado. La actividad orante se nos puede transformar fácilmente en actividad alienante. Necesitamos suscitar un rudo e incesante cuestionamiento entre la vida y la oración. La vida tiene que desafiar a la oración, y la oración tiene que desafiar a la vida, y, mutuamente, tienen que purificarse.

A menudo, nos encontramos con el siguiente cuadro contradictorio: fue una persona piadosa, pero arrastró hasta la sepultura sus defectos congénitos. Rezó tanto... Siempre con el rosario en la mano, siempre en la capilla, pero hasta en sus últimos días se mantuvo suspicaz, conflictiva, agresiva, inmadura. Al parecer, no creció.

En cambio, el Dios de la Biblia es un Dios desinstalador. Aquél que siempre desafía, incomoda, cuestiona. Nunca deja en paz, aunque siempre deja la paz. No responde, sino pregunta. No facilita, sino dificulta. No explica, sino complica. A los pueblos y personas que se colocan bajo su influencia siempre los saca fuera de sí mismos y los pone en marcha, hacia la Tierra Prometida del amor, la libertad y la madurez. Es un Dios libertador.

* * *

Ahora bien, ¿cómo se explica que algunas personas hayan dedicado tantas horas a un Dios esencialmente libertador y ese Dios no las haya libertado? ¿Cómo las ha dejado en paz y sin paz, si este Dios nunca deja en paz y siempre deja la paz? ¿Cómo se explica esta contradicción?

Esas personas, en lugar de adorar a Dios, se rindieron culto a sí mismas. Parecía que amaban a Dios, pero se amaban a sí mismas en Dios. Parecía que buscaban a Dios, pero se buscaban a sí mismas en Dios. Parecía que servían a Dios, pero se servían de Dios. Aquel dios era la proyección de sus temores, deseos y ambiciones. Hicieron una transposición de su yo a lo que llamaban Dios. Aquel dios a quien rindieron tanta devoción no era el Dios verdadero, aquel dios nunca fue el Otro. El centro de su atención y su interés nunca fue el Otro, sino ellas mismas. Parecía que amaban a Dios, pero se amaban a sí mismas.

De ahí que nunca salieran de sí mismas. Aquel dios era un ídolo, era una simbiosis entre su yo y aquella deidad a quien adoraron. Por eso, no crecieron, porque siempre se mantuvieron encerradas y centradas en un círculo egocéntrico. Ellas fueron su centro de interés. Porque no hubo salida, no hubo libertad; porque no hubo libertad, no hubo amor; porque no hubo amor, no hubo crecimiento o madurez. He ahí la explicación.

Lo que Dios toca liberta. El Dios verdadero nos lleva al mundo del amor, pero, siendo esta palabra sumamente ambigua, ya que gran parte de las veces en que suponemos que amamos, en realidad, nos amamos, tenemos que buscar otra fórmula. Liberación de nosotros mismos hacia el amor. Pasar de las estructuras del egoísmo a las estructuras del amor, ya que Dios es Amor.

El Sermón de la Montaña tiene este contenido: en su primera parte, se nos habla de la pobreza de espíritu, de la humildad de corazón, de la paciencia, de la mansedumbre, del perdón. Esto significa que las exigencias egolátricas del yo inflado han sido negadas y, de esta manera, las violencias interiores han sido calmadas. Una vez que las energías interiores se desatan de la argolla egocéntrica, se transforman automáticamente en amor. Y, ahora, sí, las energías liberadas son colocadas al servicio del amor. El Sermón de la Montaña nos invita a hacer el bien a los que nos hacen el mal, a perdonar a los que nos ofenden, a hacer las paces antes de la ofrenda, a corregir al hermano, a hacer el bien sin buscar gratitud ni recompensa, a presentar la otra mejilla, a amar universalmente y no sólo a los que nos aman. Libres para amar.

* * *

Hay, pues, un circuito vital. De la vida hacia Dios, desde Dios hacia la vida y, en medio, el encuentro con Dios. Se dice por ahí que el lugar del encuentro con Dios es el mundo, el hombre, la calle... Es un hecho indiscutible que los grandes combatientes y libertadores de los pueblos esclavizados –por ejemplo, Moisés, Elías o Judas Macabeo– no encontraron a Dios en el fragor de las tormentas y luchas sociales, sino que se retiraron a la soledad completa y, allí, obtuvieron la fortaleza para las batallas que se avecinaban.

Otro tanto hizo Jesús. He tratado con Dios. He estado con mi Padre. Ahora voy a la vida y mi Dios baja conmigo al combate. Quiero decir, al vivir la amistad con mi Dios en el encuentro con Él, esa temperatura interior que queda remanente tras el encuentro, ese clima, esa presencia de Dios o ese espíritu de oración perdura durante el día y ambienta el programa. Y, con Él a mi derecha, como dice la Biblia, doy la batalla.

Su presencia me acompaña. Se me presenta una dificultad (aceptar a ese tipo difícil, perdonar aquella ofensa...), en Él la supero fácilmente. Y con eso crece el amor. Así, un nuevo *peso* me arrastra al encuentro con Él. Su presencia en mí se hace más densa de esta manera. Ahora, de nuevo voy a la vida. Jesús viene conmigo, bien despierto y atento en mi conciencia. Surgen dentro de mí los impulsos negativos: ganas de convivir sólo con los de mi mentalidad, esquivarle la mirada a éste por un tiempo, gritar aquí, inhibirme en otro momento... Jesús, en mi conciencia, ataja y desbarata esos impulsos. Y un nuevo *peso* me arrastra al encuentro con él. Su presencia, en el encuentro con Él, se hace más densa. Acompañado por Jesús, bajo otra vez a la vida. Siento que, sigilosamente, está creciendo la enemistad contra el hermano. Me acuerdo de Jesús y, sin más, aquello se apaga.

Cristificación

Las características de los impulsos son la sorpresa y la violencia. Cuando estoy descuidado, soy capaz de cualquier torpeza. Cuanto más oro, más vivo está Jesús en mi conciencia, y, cuanto más vivo y alerta, más fácilmente neutralizaré mis impulsos y más amor habrá en mis reacciones. Así, los impulsos de irritabilidad, capricho, envidia, venganza, sed de honor y placer... se superan en Jesús y con Jesús. Con esto crece el amor, y, como el amor es unitivo por ser peso (*pondus*, según san Agustín), crece la atracción o velocidad hacia Él, hacia un nuevo encuentro. En el encuentro su presencia se hace de nuevo más densa. De esta manera, quedo yo más divinizado, es decir, queda en mí menos egoísmo y más amor. Salto a la vida, y con Jesús todo es fácil y todo tiene sentido. Vivir es un privilegio.

Cada logro se compensa con una gran alegría y satisfacción. Crece el *peso*, que me arrastra otra vez al encuentro y, del encuentro, a la vida de nuevo. Y así sucesivamente. Éste es el circuito vital en el que la vida y la oración van de la mano en un crecimiento armónico y alterno.

Al experimentar el hombre la hermosura y el amor del Padre, siente entusiasmo por Él y nace el amor.

Ahora bien, el amor es una fuerza unitiva, por lo cual surge el deseo de ser uno con Dios, pero es imposible que seres tan dispares lleguen a ser uno, a no ser que uno de ellos pierda resistencia o deje de ser un poco uno mismo.

Por ejemplo: una gota de licor, para disolverse en el agua, renuncia a ser licor; el hierro, para convertirse en fuego, renuncia a su naturaleza de hierro, abandona la resistencia; un pedazo de pan tiene que someterse a la pasividad si quiere transformarse en mi vida...

El fuerte, que es Dios, se apodera y transforma al débil, que es el hombre, a condición de que éste ceda en su resistencia. La actitud de abandono es la condición indispensable para toda transformación. Cuanto menos resistencia y mayor abandono, más llegarán a ser uno Dios y el hombre. De esta manera, la semejanza entre los dos puede ser tan grande como para que el hombre pase por el mundo como si fuera la figura de Dios.

Por eso, insisto siempre: el objetivo de la oración es transformar al hombre en Jesucristo. Cualquier trato con Dios que no conduzca a esa transformación es evasión-alienación. A la transformación total nunca se llega. La palabra *total* debe desaparecer. No hay conversión total, no hay abandono total, todo es un proceso, es un paso a paso. La vida de oración debe ser un proceso de transfiguración, cambio de una figura por otra. Dejar de ser un poco uno mismo para ser como Jesús, mirar como Jesús miraba, sentir como Jesús sentía, hablar como Jesús hablaba, amar como Jesús amaba.

En una contemplación permanente, mirar la fotografía de Jesús, copiar con paciencia sus rasgos, para que podamos ser nosotros una fotografía de Él en el mundo.

Ser misericordioso y sensible como Jesús

El evangelio constata, en cuatro ocasiones, que Jesús se compadeció, no podía contemplar una desgracia sin conmoverse. No vivía consigo ni para sí, siempre "salía" hacia los demás. Este *vivir para el otro* debió de impresionar de manera tan viva a los testigos, que lo certifican permanentemente.

Jesús se compadeció del leproso, le tendió la mano, lo tocó y ordenó: quiero, sé limpio. Jesús se compadeció de las turbas y enfermos. No pudo tomar alimento hasta curar a aquel hidrópico. En la sinagoga, interrumpió la predicación para sanar a aquel hombre de la mano seca.

Misericordioso y sensible como Jesús, que convida a los oprimidos y agobiados por los problemas, prometiéndoles un mensaje que desatará en sus corazones una ola de descanso y paz. Ha venido para sanar a los heridos de corazón, anunciar la libertad a los esclavos; a los ciegos, la vista, y a los oprimidos, la liberación.

Ser misericordioso y sensible como Jesús, que se entregó a los abandonados y olvidados con todo lo que Él era: su pensamiento, su oración, su trabajo, su palabra, su cansancio, su mano, su saliva, la franja de su vestido... Con gran sensibilidad, se identifica con todos los necesitados: cuando socorriste al hambriento, al sediento, desnudo, enfermo o preso, conmigo lo hiciste.

Humildes y pacientes como Jesús

Ser manso, humilde y paciente como Jesús. Fuera de algún pequeño destello de impaciencia, Jesús es una persona que respira infinita paz, serenidad y dominio, aun cuando lo aprietan y lo asedian. Ofrece todo premio a los mansos, a los que sufren con paciencia la persecución.

Ser como Jesús, manso, humilde y paciente, que, estando entre calumnias e injusticias de acusadores y jueces, procede en todo momento con humildad, silencio, paciencia y dignidad. No se defiende. No se justifica. Ante las groseras calumnias, tanto Caifás como Pilatos lo invitaron, repetidas veces, a defenderse, pero Jesús permaneció en todo tiempo en silencio, lo cual impresionó profundamente al gobernador.

Ser manso, paciente y misericordioso como Jesús, cuya paciencia fue sometida a duras pruebas en la noche de la Pasión, cuando lo azotaron, le colocaron un vestido de loco, una corona de espinas en la cabeza, un cetro de caña en sus manos, lo golpeaban en el cuerpo, entre torturas, desde las más groseras hasta las más refinadas. Por toda respuesta, Jesús sufrió y calló. Y no debemos olvidar que Jesús tenía un temperamento muy sensible, no era un trozo de madera.

Ser humilde como Jesús, que, a pesar de que sus enemigos lo acosaron con sarcasmos hasta el último momento, Él pidió comprensión y perdón.

Ser humilde como Jesús, que no se jactaba de sanar a los enfermos, de multiplicar los panes, de descender del monte de la Transfiguración... Humilde y manso como Jesús, que se dejó manipular por el tentador, sin quejarse ni protestar.

Perdonar como Jesús perdonó a Judas, a Pedro, al ladrón de la cruz, al agresor en la casa de Anás, a los sanedritas en el Calvario. Debió de impresionar tan fuertemente a los testigos esta paciencia, que Pablo conjuró a los corintios advirtiéndoles: "Por las entrañas de mansedumbre y bondad de Cristo Jesús". Y Pedro, en su primera carta, escrita unos veinte o veinticinco años después de la Pasión, se conmueve al recordar que "ultrajado, no devolvía con injurias, y atormentado, no amenazaba...". No se lo contaron, lo vio con sus propios ojos durante la noche de la Pasión.

Opción de Jesús por los pobres

Vivir como Jesús, con predilección por los pobres. Vivía con el corazón y las manos abiertos al pueblo desamparado. No sólo sentía pena por las turbas hambrientas, sino que, además, se preocupaba por darles de comer. Para Jesús, los favoritos eran siempre los pobres. Para ellos es el Reino. Para ellos vino expresamente. Cuando los discípulos de Juan se presentaron ante Jesús preguntándole: ¿eres tú el que ha de venir o esperamos a otro?; Jesús respondió: yo no sé nada. Abran los ojos, vean y saquen las deducciones. Lo que verán es esto: los ciegos ven, los cojos andan, los leprosos quedan limpios, los sordos oyen, los muertos resucitan, y los pobres son evangelizados. Los pobres son atendidos con preferencia.

La deducción que queda flotando es la siguiente: estas señales son prueba de que el Mesías ha llegado ya y de que yo –Jesús– soy el Mesías.

Este criterio es válido hasta el fin del mundo. La Iglesia no será la Iglesia mesiánica, mientras sus militantes no atiendan a los pobres con preferencia. Una congregación religiosa, una diócesis, una parroquia... no serán parte integrante de la Iglesia mesiánica, mientras sus miembros no se dediquen, con preferencia, a la atención de los pobres.

Ahora bien, ¿quiénes son los pobres? Son, en primer lugar, aquéllos que carecen de bienes económicos y sociales, y que, en una sociedad urbana como es la nuestra, se instalan en la periferia de las ciudades. La congregación que se extiende en las grandes barriadas, de por sí, tiene carácter mesiánico.

Pero ellos no son los únicos pobres. Es preciso abrir el significado de esta palabra: pobres son aquéllos que carecen de polos de atracción o, dicho de otra manera, aquéllos que no son agradables según los cánones del mundo o, como decía Teresa de Calcuta, "pobres son aquéllos que carecen de amor".

La vida funciona por polos de atracción. Esa persona no tiene nada, pero tiene belleza: su belleza será aquel polo por el cual esa persona será estimada, admirada, rodeada, amada. No tiene belleza, pero tiene encanto personal: el encanto hará que sea rodeada, estimada, amada. No tiene ni belleza ni encanto, pero tiene bondad: su bondad hará que sea amada y rodeada. No tiene ni lo uno ni lo otro, pero puede tener, por ejemplo, dinero o fama, que harán que sea admirada y estimada. Pero, cuando no tenga ningún polo de atracción, ¿quién se le aproximará?, ¿quién la amará? Será abandonada, olvidada. He ahí las dos palabras precisas para definir a los pobres: olvidados y abandonados. O, como los llamaba la Madre Teresa, "los carentes de amor".

¿Quién se acercará por gusto a una viejecita de ochenta años, a un demente...? ¿Quién se aproximará a un leproso, a un neurótico agresivo...? ¿Quién es más pobre que un indígena de las selvas tropicales?

Las congregaciones que se dedican a los huérfanos, a los enfermos, a muchachas desorientadas, sordomudos, minusválidos, dementes, ancianos, misiones extranjeras, etc. ciertamente son congregaciones mesiánicas. Me atrevo a decir que todas las congregaciones se originaron para atención de los pobres. Más tarde, han podido aburguesarse. Hay que vivir en estado de reforma y revisión. ¿Será consecuente ir a los barrios y dejar, por ejemplo, la atención de los ancianos? En un barrio, caben gratificaciones o satisfacciones de diferente índole; en un manicomio o en un asilo, sólo el amor gratuito y oblativo, sin desmerecer a aquéllos que trabajan en los barrios humildes, que, sin duda, realizan una labor evangélica.

Tener preferencia por los pobres, como Jesús, que mira con simpatía a aquella pobre viuda que depositó una monedita. Esa misma simpatía por la condición de pobre aparece cuando Jesús describe a Lázaro.

Ser, en fin, como Jesús, que no sólo se dedica con preferencia a los pobres, sino que también comparte su condición social hasta las últimas consecuencias. Siendo rico, se hizo pobre por nosotros. Ser como Jesús, que, a pesar de su predilección y simpatía por los pobres, no rechazó a los ricos, no estuvo atado ni siquiera a los pobres, tuvo delicadas atenciones con Nicodemo, amistad con José de Arimatea, ricos sanedritas... Asistió a las fiestas de fariseos y publicanos ricos. Comprometido a fondo con el pueblo humilde y humillado, su propio pueblo, no estuvo atado a ellos. Así, se relacionó con los imperialistas romanos, como el centurión de Cafarnaún, socorrió a Jairo y la sirofenicia.

Como Jesús. Preferencias, sí, pero exclusividades, no.

Amar como Jesús amó

Finalmente, amar como Jesús amó. Los suyos tuvieron una vivísima impresión. Entre tantas cosas que hizo el Maestro, una fue esencial: amar. Por eso, cuando les propuso: "Ámense como yo los he amado", no se precisaron más explicaciones, ni ellos necesitaron preguntar, pues sabían cómo los había amado Jesús.

Amó con simplicidad y ternura a los humildes niños, fue afectuoso con Marta, María y Lázaro. Antes de morir, como gran cosa, los llama "mis amigos". Después de resucitar, cuando era máxima la diferencia entre ellos, los denomina "mis hermanos". A un paralítico desconocido lo apoda "hijo mío" y a la hemorroísa, "hija mía".

Amar como amó Jesús, que fue tan comprensivo con los pecadores que lo nombraron "amigo de publicanos y pecadores". Los pequeñitos se llevaron sus preferencias.

Amar como Jesús amó, cuyo principio era: no son los sanos los que necesitan médico, sino los enfermos. Su grito de combate fue éste: misericordia quiero y no sacrificios.

Declaró que había venido para "las ovejas perdidas de Israel". A aquella adúltera, condenada a perecer bajo las piedras, con qué cariño le expresó: hija, vete en paz; que no es lo mismo que un hasta luego.

Amar como amó Jesús, que se despreocupó de sí mismo para preocuparse por los demás, dio de comer a las turbas sin inquietarse por alimentarse Él; en el huerto, en lugar de salvar su pellejo, les dijo: de mí hagan lo que quieran, pero a éstos no los toquen. Y a las piadosas mujeres en la Pasión: de mí no se preocupen, sino de ustedes mismas. Se preocupó de Pedro en aquella noche sádica de la Pasión, de su Madre, para que fuera atendida después de su muerte, indiferente consigo mismo, sin tiempo para comer, sin tiempo para descansar, sin tiempo para dormir.

Amar como amó Jesús. Mi Padre me amó. Yo los amé.

Ahora ustedes ámense como yo los amé...

Debió de emocionar tan profundamente este amor de Jesús, que los testigos nos transmitieron esta impresión grabada en frases lapidarias: Dios ha amado tanto al mundo, que le envió a su Hijo Único; me amó a mí y se entregó a la muerte por mí. Hubo, en estos últimos tiempos, una explosión de la bondad y el amor de nuestro Salvador a los hombres.

* * *

Resumiendo, en este cuestionamiento entre la vida y la oración, y la oración y la vida, la actividad orante debe ser un motor para mirar como miraba Jesús, hablar como hablaba Jesús, sentir como sentía Jesús, soñar como soñaba Jesús, pensar como pensaba Jesús, vivir como vivía

Jesús y amar como amaba Jesús. Que Jesús viva en mí y a través de mí. Los que me vean, lo vean. Ser una fotografía de Jesús en el mundo, testigo y transparencia de su ser y amor. Ésta es la finalidad de la oración.

Paciencia

Muchos emprenden la ruta de la oración. Algunos la abandonan casi de entrada alegando: yo no nací para esto. Dicen también: es tiempo perdido. No veo los resultados. Otros, fatigados, se estacionan en la mediocridad. Continúan en la actividad orante, pero con desgana. Otros avanzan intrépidamente, aunque entre dificultades, hasta las regiones más remotas de Dios.

El enemigo principal es la inconstancia, que nace de la sensación de frustración que sufre el alma cuando se da cuenta de que los frutos no llegan o no corresponden al trabajo realizado. ¡Tantos esfuerzos y tan pequeños resultados!, exclaman. ¡Tantos años dedicados a la oración y tan poco progreso!, añaden.

Estamos acostumbrados a dos leyes de la civilización tecnológica: la rapidez y la eficacia. En cualquier actividad humana, el circuito dinámico funciona así: a tal causa, tal efecto; a tanta acción, tanta reacción; a tales esfuerzos, tales resultados. Los resultados saben a premio y estimulan el esfuerzo. Continuamos en el esfuerzo porque palpamos los resultados, y los resultados dinamizan y sostienen el esfuerzo.

Sin embargo, en la vida de la gracia, no sucede así. Nos parecemos más bien a aquellos pescadores que se mantuvieron, durante una noche, en vigilia, con las redes extendidas, y a la madrugada siguiente, se encontraron con que éstas estaban completamente vacías.

* * *

Por eso, la primera condición para los que quieren tomarse en serio la vida con Dios es la paciencia. Paciencia para aceptar el hecho de que con grandes esfuerzos vamos a conseguir pequeños resultados. O, al menos, para aceptar la eventual desproporción entre los esfuerzos y los resultados. La paciencia es el arte de saber. Saber tomar conciencia de que las cosas son así y aceptarlas tal como son. Saber que Dios es esencialmente gratuidad.

Lo más difícil es tener paciencia con Dios, porque no hay lógica en sus iniciativas para con nosotros, porque Dios es esencialmente gratuidad. Por eso, casi siempre es desconcertante. Nadie puede cuestionarlo así: ¿qué es eso, Señor? ¿A éste que trabajó una hora le estás pagando igual que a aquél que se cargó con el peso del día? ¿Y la justicia distributiva? ¿Y la justicia conmutativa?

Dios respondería: no pueden cuestionarme. Lo que le di a éste no fue salario, sino regalo; lo que le di a este otro tampoco fue salario, sino dádiva. Y con lo mío puedo hacer lo que considere conveniente. En este

Reino, no existen ni el verbo pagar ni el verbo ganar. Aquí, nada se paga porque nada se gana. Aquí, por mi parte, sólo existe el verbo dar. Todo es don, dádiva. Y, por su parte, el verbo recibir, todo es gratuidad. Estamos en dos órbitas diferentes, y –continuaría diciendo Dios– en su órbita, hay contratos de compraventa, de trabajo y salario, se cobra lo que se gana, se gana lo que se merece y al mérito le corresponde un premio. Aquí, en mi órbita, no hay justicia conmutativa ni justicia distributiva. Mis medidas no son sus medidas ni mis criterios sus criterios. Aquí no existen los verbos *merecer, ganar, exigir, pagar*... No hay salario ni premio. Aquí todo es regalo, todo es gracia.

Si el alma no comienza a darse cuenta de esto y a aceptar con paz la naturaleza gratuita y desconcertante de Dios, se hundirá muchas veces, en la confusión. La observación de la vida me ha llevado a la conclusión de que ésta es la razón más común del abandono de la oración. A menudo, en la vida con Dios, a muchos todo les parece tan sin sentido, tan sin lógica, tan sin proporcionalidad... que acaban teniendo la impresión de que todo es irreal, irracional... y lo abandonan todo.

Dios es el manantial donde todo nace y todo se consuma. Es el pozo inagotable de vida y gracia. Todo lo dispone y dispensa según su beneplácito. Por eso, Dios resulta desconcertante en su acción con las almas. De repente, él "cae" sobre una persona con una presencia poderosa y consoladora, la confirma en la fe y la deja vibrando durante años o de por vida. Ante gratuidades semejantes, muchos se preguntan: ¿y por qué no a mí?

No, a Dios no se le hacen preguntas, hay que aceptarlo tal como es Él. A otras personas las lleva por una perpetua noche de fe. A otras les dio una gran sensibilidad divina, pero nunca una gratuidad infusa. Hubo hombres que jamás se preocuparon por Dios, y Él salió a su encuentro con esplendor y gloria. Hay quienes atraviesan la vida entre consolaciones. Otras, durante una noche árida y sin estrellas. Otras, entre luces y sombras: días de sol y días nublados. Cada persona es una historia, una historia única y singular.

El que quiera ser hombre de Dios, que comience por aceptar esta realidad primaria. Él es así, gratuidad. Dios no es lógica, es gratuidad.

Fuiste a pasar un día con Dios a un bosque lleno de paz. Resultó ser un día estéril: dispersión, apatía, desgana... Al día siguiente, viajando en un tren abarrotado de gente gritona, comenzaste a pensar en el Señor y pronto te viste inundado de una presencia maravillosa. Fue una oración sin precedentes en tu vida. Así es todo: imprevisible, desconcertante, sin lógica... Cuando la lógica decía sí, resulta que no, y a la inversa. Tener paciencia con Dios significa eso: aceptar con paz la imprevisibilidad y desproporción.

Convergencia entre naturaleza y gracia

En la gracia, no hay constantes. Decimos, por ejemplo: después de realizar muchos experimentos, se ha llegado a esta constante: luego de quince horas de matemáticas con esta pedagogía, un alumno de coeficiente intelectual normal aprende nueve lecciones; es una constante comprobada. Nosotros no podemos trazar un paralelismo diciendo: quince horas de oración, con este método y en una persona de estructura psíquica normal, tiene que dar cinco grados de paz y siete de humildad. No, al contrario, quince horas de oración pueden dar un grado de paz, y, de repente, media hora de oración puede dar setenta grados de paz.

Si por una hora de oración se consiguiera normalmente, como una constante, un grado de paz, todos encontrarían tiempo para orar. Pero, en el mundo de la gracia no hay proporcionalidades ni cálculos de probabilidad ni constantes psicológicas. Es bueno caminar hacia Dios por métodos comprobados de oración, pero sin perder de vista el misterio de la gracia.

* * *

La vida con Dios es, como he dicho tantas veces, una convergencia entre la naturaleza y la gracia. Ahora bien, si la gracia es desconcertante, la naturaleza es imprevisible, por ser vida. Y la vida es movimiento. Y el movimiento es oscilante. Por eso, en la naturaleza, no hay líneas rectas ni geometría. Duermes bien, y amaneces malhumorado. Duermes mal, y amaneces de buen humor. Por la mañana, todo está claro; al mediodía, dudas, y a la tarde, no ves nada. Al día siguiente, por la mañana, todo está oscuro, al mediodía, dudas, y, por la tarde, claro. En un mismo día, puedes pasar por los estados de ánimo más variados y contradictorios: ahora, te sientes seguro, a las tres horas, temeroso, más tarde, tranquilo, más tarde, ansioso... Todo es oscilante. La vida es así. No hay líneas rectas.

En la oración, lo mismo. Te retiras durante un día para estar con Dios. Ahora estás apático. De repente, media hora de visitación divina. Tres horas de fatiga. Luego, rezas con paz y normalidad. Después, tienes ratos de aridez. Finalmente, te inunda una completa paz.

* * *

Ahora bien, si la gracia es desconcertante y la naturaleza versátil, podemos dar por descontado que el resultado de la oración tiene que ser necesariamente imprevisible. Hay que comenzar por aceptar esto con paz.

Una consolación espiritual, por ejemplo, ¿hasta qué punto es obra de la gracia? Empecemos por admitir que el fervor sensible es un fenómeno ambiguo. Tenemos que recordar con frecuencia que el camino de Dios es un camino de fe. Los momentos de emoción sensible, a veces, son un caramelo de Dios. Sin embargo, no se da un caramelo a un caballero de cincuenta años, se da a un niño, es un pequeño engaño. Podría ser también ese fervor una reacción del fondo vital de la persona. Normalmente, habrá algo de la gracia y algo de la naturaleza, ya que la oración es convergencia de ambas. Entonces, ¿hasta qué punto una consolación es cosa de Dios y hasta qué punto cosa de la naturaleza? Nunca lo sabremos.

Es inútil pretender señalar las fronteras entre la gracia y la naturaleza. No podemos señalar: en el fenómeno que experimenté, hasta aquí, llegó la gracia y, desde aquí, partió la naturaleza. No hay instrumentos de medición ni criterios objetivos, ni los habrá. Por otra parte, esta preocupación por saber si es cosa de Dios o fruto de uno mismo es nociva y perjudicial, ya que mete al alma en una completa confusión. ¿Qué hacer, pues? No complicarse y recibir todo con espíritu de simplicidad.

La señal de que es Dios no es el fervor sensible, sino la paz. La impaciencia es hija sutil del yo. La paz o paciencia es hija de Dios. Donde haya impaciencia, puedes decir: aquí anda el egoísmo. Si tienes paz, puedes afirmar: aquí está Dios.

La paz es distinta de la calma. La calma reside en la periferia de la persona. La paz, en el alma. La calma es fruto de un relajamiento muscular y nervioso. La paz es fruto directo de Dios. Puede no haber calma y sí paz, y también lo contrario. Tú mismo puedes percibirlo. En el fragor de la vida, sueles estar tenso, agitado, sin calma. No obstante, en el fondo de ti mismo, sientes una paz inalterable. Puedes estar en la aridez más enervante, pero, si tienes paz, ten la seguridad de que Dios está contigo.

Lo mismo sucede en la fe. La fe no es sentir, sino saber. Es certeza y no emoción. En ocasiones, no sientes nada, pero puedes afirmar: yo sé que el Señor está conmigo. Tengo la certeza de que Él me ama. Y eso te proporciona una gran paz. Tres cosas brindan la madurez de espíritu: la certeza sobre la fe, la paz en cuanto al trato con Dios y la esperanza.

Orar no es fácil

La madurez espiritual y la madurez psicológica, aunque normalmente discurren paralelas, a veces, no coinciden. La primera consiste en mantenerse estable ante los vaivenes anímicos, así como la inmadurez consiste en pasar de las euforias a las depresiones, en el vaivén de los estados anímicos. Cuando estás fervoroso, crees que se acabaron los problemas. Todo cambió; exclamamos. Cuando te sientes abatido, afirmas: yo no valgo para esto. No hay nada que hacer. Son señales de inmadurez de espíritu. Por eso, los criterios que forjan las almas maduras son aquellos elementos estables: la certeza de la fe, la paz y la esperanza. Son también señales de inmadurez aquellas frases que se oyen: Me encontré con Dios; conseguí; no conseguí. Los que así hablan andan todavía en el vaivén de las emociones. ¿Buscaste? Ya encontraste, como diría san Agustín. ¿Trabajaste? Ya conseguiste. Por tu parte, busca al Señor ordenada, sostenida y metódicamente. Haz todo lo posible. Lo demás, el resultado palpable y sensible, déjalo en las manos de Dios.

* * *

Muchos acuden a la oración con la ilusión de experimentar sensaciones fuertes. Pasa el tiempo, y al ver que no llega aquello que soñaron, se impacientan. La impaciencia engendra violencia. Esto es, quieren conseguir aquella sensación fuerte con agitación interior, con violencia. La violencia provoca fatiga. La fatiga inhabilita a la persona para seguir orando convenientemente y genera impotencia. Y la impotencia para rezar degenera en una completa frustración. La ilusión, tarde o temprano, acaba siempre en desilusión. Tenemos que recordar constantemente: el camino normal de Dios es un camino de fe.

Orar no es fácil. Hacer una oración vocal o unas peticiones comunitarias sí es fácil, pero habilitar las facultades interiores para profundizar en la amistad divina, controlar y encauzar las energías mentales en el silencio interior, asumir el misterio total hasta la unión transformadora... Todo este proceso es lento y difícil. Orar no es fácil. Además, orar es un arte. Aunque la oración es un don de Dios, y el primer don de Dios es también un arte por tratarse de una convergencia entre la gracia y la naturaleza. Y, como arte, está sometida a las normas de aprendizaje y a otras leyes psicológicas. Orar bien exige, pues, método, orden y disciplina.

Con método pero sin la gracia, no se conseguirá ningún resultado. De acuerdo. Pero la gracia necesita de la colaboración de la naturaleza y, sin ella, fuera de casos extraordinarios, no hará nada. ¡Cuántas almas he conocido, dotadas de una estructura ideal para la contemplación, que, por falta de método, orden y disciplina mental, quedaron estancadas en la mediocridad!

Pensemos en los años y la pedagogía que se necesitan para formar a un profesional. Si orar, además de gracia, es un arte, no soñemos con conseguir una alta oración sin orden, esfuerzo y método. Sabemos que Dios puede saltar por encima de métodos, pedagogías y normalidades psicológicas, pero, ordinariamente, se somete a las leyes evolutivas. Todo es lento. Hoy se siembra; después de muchos días, germina, y, luego de muchos meses, se cosecha. No hay saltos, hay pasos.

Capítulo VI

REVELACIÓN DEL PADRE

Consideraciones previas

Jesucristo es, al mismo tiempo, Hijo de Dios e Hijo del hombre sin confusión ni división. Si toda persona es misterio, ¿qué diremos de ese *supermisterio,* que es la persona de Jesucristo, en el que la divinidad y la humanidad convergen en una unión hipostática, conformando un yo único? ¿Dónde comienzan y dónde terminan las fronteras de lo divino y de lo humano? Lo divino y lo humano sustantivados en ese yo único, ¿en qué relación recíproca se hallan?: ¿se anulan?, ¿se interfieren?, ¿se enriquecen? ¡Oh, profundidad de la sabiduría y ciencia de Dios!

* * *

En primer lugar, para esta meditación, vamos a dejar a un lado, por metodología, el hecho de que Jesús sea Hijo de Dios y a centrar el enfoque contemplativo en el Hijo del hombre.

En segundo lugar, hemos de tener presente el crecimiento evolutivo de Jesús en las experiencias humanas y también en las divinas. Este joven, hecho de misterio y sueño, fue navegando en las inmensidades de Dios, viviendo experiencias nuevas, explorando regiones inéditas, descubriendo lados desconocidos en el misterio infinito de Dios.

En tercer lugar, hemos de tener en consideración el temperamento sensible de Jesús. Los Evangelios lo constatan en diferentes ocasiones: "Me dan lástima estas gentes". Jesús se compadeció. Un día, al informarse del caso de aquella viuda de Naín, que había perdido a su único hijo, Jesús se conmovió profundamente. Lloró de manera abierta ante la tumba de su amigo Lázaro, y de su sensibilidad se admiraban los fariseos. Sintió pena por la ingratitud de aquellos nueve leprosos; desilusión por el letargo de los apóstoles en el huerto. Fue atento con los amigos, caballeroso con las mujeres, cariñoso con los niños... Era muy sensible.

Tenemos que tener también presente, en cuarto lugar, el alma profundamente piadosa de Jesús. Él gozaba de una fuerte sensibilidad para las cosas divinas, una inclinación innata para las cosas de Dios.

* * *

Con estas consideraciones previas, me atrevo a afirmar que Jesús vivió, durante su infancia y adolescencia, aquel trato con Dios que vivía Israel, heredado de los grandes profetas y transmitido por su Madre. María enseñó a su pequeño aquel concepto admirable de Dios y aquel trato de adoración y suspenso que Israel sentía ante el Absoluto, el Único, el Eterno, el Incomparable.

Por el *Magníficat* podríamos deducir que María no "pasó" al Dios-Padre. En cambio, podremos ver a Jesús revelándonos al Padre. Hubo, pues, en la experiencia religiosa de Jesús, una transformación evolutiva en sus años de juventud. A partir de cierta edad (quince, dieciocho, veinte años), el joven Jesús, en ese proceso de profundización en las experiencias divinas, comenzó a tratar a Dios de una manera esencialmente diferente. De una manera que, fuera de fugitivos vislumbres, ningún profeta de Israel había intuido ni vivido. El joven Jesús sobrepasó la etapa del suspenso y la adoración, y entró en la zona de la confianza tratando a Dios como al padre más querido y amante de la Tierra.

Para entender esta evolución, debemos colocar como telón de fondo, lo siguiente: Marcos nos relata que Jesús se retiró cuarenta días a una montaña tan inaccesible que allí sólo habitaban animales salvajes, y nunca se veía presencia humana. De este hecho podemos sacar la siguiente deducción: si un hombre no está familiarizado con el silencio y la soledad de las montañas, es difícil pensar que se va a internar de improviso, durante tantos días, en lugares tan inhumanos. Si lo hizo, es señal de que ya estaba habituado al silencio de las montañas. Hay que imaginar, pues, que Jesús se retiraba con frecuencia a la soledad completa –de día y de noche, según sus hábitos–, para estar a solas con su Dios y Padre.

Creciendo en la intimidad

El joven Jesús estaba ocupado por completo por el Admirable. De la misma manera en que el sol embiste la tierra, la inunda y fecunda. Jesús era un muchacho normal, pero diferente. Cualquier observador sensible podría distinguir un extraño resplandor en sus ojos. Jesús era como quien mira mucho para dentro de sí mismo, como quien mira a otra persona que va consigo. Parecía que no era Él solo, sino Él y Otro. Sí, Alguien estaba con Él, y Él estaba con Alguien, como cuando desaparecen las distancias.

Los puentes unen siempre a los distantes, pero, cuando los distantes se juntan, los puentes desaparecen. Es la intimidad la que derriba los puentes, y la intimidad era, en este caso, la presencia total hecha de dos presencias.

Con otras palabras, la intimidad era convergencia y resultado de dos infinitas interioridades.

* * *

El joven Jesús tendría unos dieciocho años. Avanzaba de sol a sol, noche a noche, mar adentro, hacia las más remotas periferias del Señor Dios. La intimidad y el amor entablaron un duelo en el alma del joven. Cuanto más fuerte la intimidad, mayor amor. Y, cuanto más amor, mayor intimidad. Y, así, la velocidad interiorizante fue acelerándose progresivamente hasta que desaparecieron todas las distancias.

El amor nace de una mirada, es un momento de olvidarse; crece con deseos de darse, apoyado en la esperanza, y se consuma en el olvido total de un gozo recíproco. Al consumarse el duelo entre el amor y la intimidad, al desaparecer las distancias entre Jesús y su Padre –distancias psicológicas, digamos, porque no existían las distancias ontológicas–, la confianza fue creciendo en su alma como un frondoso árbol que, con su sombra, fue cubriendo los impulsos juveniles de Jesús. El muchacho era todo cariño, apertura, ternura, confianza para con su Dios y Señor. ¡Aquellas noches de Jesús en las montañas solitarias, cobijado en el manto envolvente de su Señor Dios, en la proximidad más absoluta y en la presencia también más absoluta...! ¡Había tantas estrellas en aquellas noches y también en el alma de Jesús!

El muchacho, con aquel temperamento tan sensible y esa predisposición para las cosas divinas, dio un paso y, luego, otro paso, experimentó diferentes impresiones y, progresivamente, llegó a la convicción de que

Dios no era el Temible ni el Incomparable. Así, llegó un momento en el que el joven comenzó a sentirse como una playa inundada por una pleamar, una marea de ternura, pleamar procedente de las más remotas profundidades del mar.

Es imprescindible utilizar alegorías para explicarnos. Era como si diez mil mundos, o diez mil brazos, convergiesen sobre el joven Jesús, amándolo, envolviéndolo, cobijándolo, asegurándolo. Como si Dios fuese un océano dilatado y el joven navegara en esas aguas; como si el mundo fuese una cuna, unas alas protectoras, unos brazos... Seguridad, certeza, júbilo, libertad. Así, Jesús llegó a tener la sensación definitiva, inconfundible e inolvidable de que el Señor Dios era como el padre más querido y amante de la Tierra. Fue un mundo nuevo. ¡Oh, Dios, tu amor toca el vértice del cielo, y tu fidelidad, las nubes del firmamento! ¡Qué inapreciable es tu ternura, Dios mío! Tus hijos se cobijan bajo la sombra de tus alas, se alimentan de la dulzura de tus colmenas y se embriagan en el torrente de tus delicias.

Transformación interior

En los años de juventud de Jesús, se produce, pues, la más revolucionaria transformación interior de todos los tiempos. Jesús experimentó, en carne propia, que el Padre no es temor, sino Amor, que el Padre no es justicia, sino Misericordia, que el Padre ni siquiera es Su

Santidad, Su Majestad, el tres veces Santo –como explica el profeta Isaías–, sino ternura, perdón, cuidado, cariño…

Y llegó a la convicción definitiva de que el primer mandamiento había caducado para siempre. Desde ese momento, ya no consistiría en "amar a Dios sobre todas las cosas", sino en dejarse amar por Él.

Fue un mundo nuevo. Mundo de sorpresa y éxtasis, mundo de alegría y embriaguez, mundo descubierto y vivido por este joven normal y diferente. En resumen: todo es amor. Jesús se sintió vivamente amado y, por ende, completamente liberado, liberado del temor. El que se siente amado no conoce el miedo.

El Padre tomó la iniciativa. Se abrió y se entregó por entero a Jesús. El joven le correspondió. Se abrió y se entregó también por completo al Padre. Los dos se miraron hasta el fondo de sí mismos con una mirada de amor. Esa mirada fue como un lago de aguas claras, y los dos se perdieron en un abrazo en el que todo era común y todo era propio, todo lo recibían y todo lo daban, todo se comunicaban, pero en un profundo silencio, como cuando llegan melodías de otros mundos.

* * *

A la luz de esta experiencia, Jesús analiza su entorno vital y cósmico, y encuentra que lo más hermoso del mundo (la primavera, la infancia, la maternidad… Todo cuanto signifique vida y amor) no es sino un desbordamiento de la vitalidad inagotable de Aquél, que no sólo es nuestro Padre, es Paternidad, manantial inextinguible de toda vida y todo amor. Todo es amor, todo es gracia. ¡Aleluya! Estamos salvados del temor y de la angustia. Dios ya tiene un nuevo nombre.

En adelante, no se llamará Yavé, sino Padre, porque está cerca, porque protege, porque cuida, porque comprende, porque perdona, porque se preocupa... De ahora en adelante, adorar consistirá en abandonarse con confianza infinita e incondicional en las manos todopoderosas y todocariñosas de Aquél que para siempre es y se llamará nuestro querido Padre.

Como dice Bergson: "Oh, Padre, tú que vives en el amor y en la dicha, mientras en la tierra aúllan las tormentas y gimen las pasiones, tú que dices que debo compartirlo todo, sintiendo plenamente el sufrimiento de tus hijos, muéstrame tu paz, guíame hasta aquella zona más profunda donde el dolor no llega, donde brotan la palabra, la sonrisa y la paz, donde todo es alegría porque todo es alegría. Oh, Amor del cual yo nací".

Abbá

Jesús ya tiene cerca de treinta años. Es un joven adulto y maduro. Cualquier observador sensible descubriría en Él un pozo de paz, un abismo colmado, la sustancia divina que se asoma y se derrama por sus manos, sus ojos, su boca... Pero no acaba aquí el crecimiento de Jesús, ya que en el espíritu no hay fronteras o, mejor dicho, Jesús hizo estallar todas las fronteras. Con aquel temperamento tan sensible, con aquella inclinación innata para las cosas divinas, sumergido cada vez más profunda y frecuentemente en sus encuentros solitarios con el Padre, Jesús fue navegando por los mares de la ternura; la confianza para con ese Padre perdió fronteras y controles; fue dando pasos, uno tras otro, cada vez más allá, cada vez más adentro, hacia la profundidad definitiva y total del Amor.

Un día, arrastrado por la marea y en el colmo de la embriaguez de Aquél que es "el torrente de tus delicias", como describe el salmo 36, salió de su boca una palabra completamente extraña que escandalizó a la opinión pública de Israel: Abbá, que podría traducirse como "Oh, querido papá".

* * *

Con esto hemos alcanzado la cumbre más alta de la experiencia religiosa. Un autor dice así: "Era algo nuevo, algo único e inaudito el que Jesús se atreviera a dar este paso hablando con Dios como un niño habla con su padre, con simplicidad, intimidad, confianza y seguridad. No cabe duda, pues, de que ese *Abbá*, que Jesús utiliza para dirigirse a Dios, revela la base real de su comunión con Dios". Una escuela de cristología defiende que si de Jesús no supiéramos otra cosa sino que fue aquél que dio a Dios el tratamiento de *Abbá*, sabríamos quién fue existencialmente Jesús. Esa misma escuela considera también que la relación de Jesús con su Padre se desenvolvía en estado de alta emotividad.

Hemos de tener presente que aun los profetas más místicos, como son Jeremías y Oseas, tratan a Dios de *Adonai*, que quiere decir *Mi Señor* que indica distancia, reverencia, majestad. Jesús lo trata no sólo de Padre, sino, además, de *Abbá*, que, según los lingüistas, es una palabra aramea que no tiene una traducción exacta a otros idiomas, a no ser en forma de exclamación y con un adjetivo afectuoso, como, por ejemplo, "Oh, querido papá".

Jesús ha cumplido treinta años y, ahora sí, puede lanzarse sobre los caminos, los templos, las montañas y las sinagogas para gritar, aclamar y proclamar una noticia de última hora, una noticia espléndida descubierta y vivida por Él en sus años de juventud: que Aquél a quien nuestros padres llamaban Magnífico, Incomparable, Formidable, sin dejar de ser eso mismo, es también "mi querido Padre"; que Aquél a quien llamaban Todopoderoso es también *Todocariñoso;* que Aquél que sostiene el mundo en sus manos, con esas mismas manos me acoge y me protege. Mi nombre lleva escrito en la palma de su derecha. ¡Aleluya! ¡Estamos salvados!

La tristeza fue enterrada, la angustia fue desterrada, los temores volaron y, por encima de todos los horizontes, comienzan a ondear las banderas inmortales, la libertad, la paz y la alegría. Aunque impotentes, somos omnipotentes por participación en las manos del Omnipotente, que nos ama y cuida. De noche, queda velando mi sueño y, de día, me acompaña a donde quiera que yo vaya. La gente se queja: ¡Estoy solo en el mundo! Y el Padre responde: Yo estoy contigo, no tengas miedo. La gente comenta: Nadie me quiere en este mundo. Y Dios responde: Yo te quiero mucho. Está más cerca que mi propia sombra. Me cuida mejor que la madre más solícita.

Amor gratuito

Sobre todo, es un amor gratuito. El hecho de que me quiera no depende de que yo sea bueno o malo, merezca o desmerezca. El Padre me ama gratuitamente. Él me comprende mejor que yo a mí mismo, y no tiene razones para amarme. Me ama porque me ama. Sencillamente, es mi Padre.

* * *

Desde los días eternos, me llevó en su corazón. Llegado mi tiempo, se colocó en el seno de mi madre y fue tejiéndome con cariño, con dedos delicados y sabios, desde las células más primitivas hasta la complejidad de mi cerebro. Soy una maravilla de sus dedos. Fui concebido en la Eternidad por el Amor y fui dado a luz en el tiempo por el Amor. Desde siempre y para siempre, soy gratuitamente amado por mi Padre. ¡Bendito sea

Dios, Padre de nuestro Señor Jesucristo, Padre de las misericordias y Dios de toda consolación!

Amar a Dios no es fácil, amar al prójimo no es fácil, pero, cuando el hijo se sepa amado, sentirá unas ganas locas de salir de sí mismo para amar. Sólo los amados pueden amar. Los amados siempre aman; los amados no pueden dejar de amar. Sólo los libres pueden libertar; sólo los puros pueden purificar; sólo los hijos de la paz pueden pacificar. A un hijo amado no le digan que ame: sin que nadie se lo diga, un impulso interior lo empujará a comprender, a acoger, a asumir y a llenar de felicidad a todos los huérfanos que andan por ahí necesitados de alegría y amor.

* * *

Aquí está el misterio de Jesús. Jesús fue Aquél que, en los días de su juventud, vivió una altísima experiencia del amor del Padre. Por aquellos años, Jesús se sintió embriagado por la cálida e infinita ternura del Padre. En las montañas que rodean Nazaret, el Hijo de María se sintió una y mil veces querido, envuelto, compenetrado por una presencia amante y amada y, como efecto de ello, experimentó claramente qué significa ser libre y feliz.

Después, no pudo contenerse en Nazaret. Necesitaba salir, y salió al mundo para revelar al Padre, para gritar a los cuatro vientos la gran noticia del amor y para hacer tan felices a los demás como el Padre lo había hecho a Él. Y se fue por todas partes libre y libertador, amado y amador, para tratar a todos como el Padre lo había tratado a Él. "Así como mi Padre me amó, de la misma manera yo los amé a ustedes. Ahora sigan irradiando el mismo amor".

Jesús revela a su Padre

Tenemos la impresión de que Jesús tiene dificultad de comunicación total. Su experiencia era tan larga y tan ancha..., y la palabra humana es tan corta... Inventa parábolas y comparaciones, hecha mano de los fenómenos naturales, de las costumbres humanas... Al final, mejor callar. Deja todo en el aire con unos puntos suspensivos... Si conocieras al Padre...

¿Han visto alguna vez que un niño pida a su padre un pedazo de pan y que éste le dé una piedra? O si le pide un pedazo de pescado frito, ¿acaso le dará un escorpión para que lo pique y lo mate? No, con sus hijos son siempre lealtad y cariño. Si ustedes, a pesar de llevar mala levadura, son tan delicados con sus pequeños, ¡cómo será aquel Padre! ¿Lo han pensado? ¡Si conocieran al Padre! Yo lo conozco bien. Por eso, les digo: pidan, llamen, toquen las puertas, insistan de nuevo. Las puertas se abrirán, encontrarán lo que buscan, recibirán lo que necesitan. Antes de salir ustedes a su encuentro, ya salió Él. Antes de abrir ustedes la boca, Él ya está preocupado por lo que necesitan. ¡Si conocieran al Padre! ¿Por qué se preocupan por el futuro, por qué gritan diciendo: "¿Qué comeremos?, ¿dónde dormiremos?, ¿bajo qué techo habitaremos?". Ocupados, sí, pero preocupados... ¿para qué? Luchen, trabajen, pero con paz, sin angustia. Las preocupaciones arrójenlas en las manos del Padre. Sea el Padre su única seguridad.

* * *

Esos pajaritos, ¡qué felices vuelan! Ellos no siembran, ni siegan, ni trillan y, sin embargo, ninguno muere de hambre. ¿Quién los alimenta? El Padre los alimenta diariamente. ¿No valen ustedes más que esos pajaritos? ¿Cómo no se va a preocupar por ustedes el Padre si son hijos inmortales de su Amor? ¿Por qué angustiarse? ¡Si conocieran al Padre! Las margaritas silvestres ¡qué bonitas son! Ni Salomón, el rey de las elegancias, pudo vestirse con tanto esplendor. Sin embargo, no tejen ni hilan, ¿quién las viste, pues, todas las mañanas tan primorosamente? El Padre mismo las viste. Si el Padre se preocupa por unas margaritas que a la mañana brillan y a la tarde mueren, ¿qué no hará por ustedes, hijos de su Amor? ¿Qué es más importante: la ropa o el cuerpo? ¡Si conocieran al Padre del cielo!

Hijo pródigo

Aquel hijo se presentó ante su padre, un noble señor, y le comunicó: Padre mío, trabajando como un héroe multiplicaste las haciendas y levantaste estos castillos, pero nunca disfrutaste un día en tu vida. No quiero que a mí me acontezca lo que a ti. Y tomando los bienes de su hacienda, se fue a tierras lejanas y vivió lujuriosamente. Cuando el muchacho experimentó un vacío infinito, y la nostalgia y la pobreza se abatieron sobre él, ¿saben lo que hizo? Aprendió de memoria un discurso de justificaciones, y regresó tranquilamente a su casa. ¿Saben por qué? Porque conocía muy bien a su padre, y no se equivocó. Cuando le informaron al noble señor de que el muchacho regresaba a casa, saltó del asiento, bajó las escaleras, montó un corcel, salió a su encuentro, lo abrazó, lo besó, convocó a los jornaleros y les dijo: preparen el banquete más espléndido porque éste es el día más feliz de mi vida. Anillo de oro a su dedo y ropa de príncipe sobre su cuerpo, banquetes y músicas y orquestas.

No sé de qué otra manera decirlo. ¡Si conocieran al Padre!

Si se extravía una de sus hijas, el Padre, en lugar de quedarse en el confort de su palacio imperial, salta al mundo, sube las colinas, desciende a las hondonadas, bordea los precipicios, arriesga su vida... hasta que encuentra a la hija perdida y querida. Entonces, la carga con cariño sobre sus hombros y vuelve a casa cantando, silbando y repitiendo que aquella hija le da más alegría que el mundo entero. ¡Oh, el Padre, si lo conocieran...!

¿Se acuerdan de aquella viejecita? Perdió una moneda; buscándola se metió debajo de las camas, sillas y mesas... y nada. Tomó, por fin, la escoba, barrió la casa y ¡la encontró! Salió a la calle gritando: Amigas, ¡vengan para compartir mi alegría! El Padre es así. Cuando un hijo perdido pero querido regresa a casa, el Padre convoca a las orquestas y los habitantes del Paraíso anunciando: ¡Amigos, alegría y banquetes! Y, en lugar de pedir cuentas, dar sermones, hablar de reconvenciones..., ¡fiesta y música para el hijo! ¡Oh, el Padre, si lo conocieran...!

Miren ese sol. ¿Creen que tan sólo inunda y fecunda los campos de los buenecitos? El astro-rey otorga también vida y esplendor a los campos de los traidores y de los blasfemos. El Padre es así. Los hombres blasfeman, y Él les devuelve un sol de oro. Y con esa lluvia, ¿creen que el Padre hace discriminación? Esa lluvia cae también sobre los campos de los vividores y sibaritas. El Padre es así. Siempre devuelve bien por mal. Si lo conocieran...

* * *

Un día, me levantarán en vertical entre cielo y tierra. Seré el exiliado de todas las patrias y de todos los bienes, pero ¡no importa! El Padre está siempre conmigo. Llegó la hora. Como palomas espantadas, se dispersarán todos precipitadamente en mil direcciones, y yo quedaré solo, a merced de lobos voraces. Pero, ¡no importa! No quedaré solo, no. El Padre estará conmigo.

Ésta es la permanente temperatura interior de Jesús. Siempre de cara a su amado Padre. El Hijo mira al Padre y el Padre mira al Hijo, y esa mirada mutua se transforma en un manto de cariño que los envuelve en un gozo infinito y en una fuerza indestructible. ¿Fracaso? ¿Calvario? ¿Agonía? Pueden rugir fuera las tormentas, sus embates no llegarán al lago interior, salvo algunas ráfagas, como en Getsemaní.

En el Cenáculo, en la noche de la despedida, debió de estar Jesús más inspirado que nunca. Fue una noche iluminada. Jesús abrió, de par en par, las puertas de su corazón, y allá no se vio otra cosa sino una estancia infinita de soledad poblada por un solo habitante: el Padre.

* * *

De ahora en adelante, los llamaré amigos, ¿saben por qué? Un hombre es amigo de otro hombre cuando el primero descubre su intimidad al segundo. Y ustedes ya han visto cuál es el único y gran secreto de mi vida: el Padre.

Como un hombre tomado por una sagrada obsesión, repite sin cesar el nombre bendito de ese Padre: Me voy al Padre; nadie va al Padre si no es por mí; el Padre es más que yo; yo soy la vid, el Padre es el viñador; salí del Padre y al Padre regreso; Padre mío: llegó la hora; Padre santo, ahora vengo a ti; Padre justo, glorifica tu nombre... Nunca nadie pronunció ni pronunciará este nombre con tanta veneración, tanta ternura, tanta admiración, tanta confianza, tanto amor...

Alimentación y respiración

¡Qué contemplador habrá en el mundo que nos pueda decir algo de lo que vibraba en el corazón de Jesucristo cuando pronunciaba tantas veces este nombre aquella noche! Los apóstoles debieron de verlo en ese momento tan radiante, tan iluminado, tan embriagado... que Felipe, asumiendo y resumiendo el estado de ánimo de los demás, vino a confesarle: Maestro, has encendido un fuego en nosotros. Morimos de nostalgia por ese Padre. Ahora, descorre el velo. Basta de palabras y muéstranoslo en persona, que queremos abrazarlo.

Más allá de las metáforas, Jesús presenta la salvación como un vivir perpetuo en la casa del Padre, mientras la condenación es esencialmente separación, quedar para siempre fuera de los muros dorados de la casa paterna. Infierno es ausencia, soledad, vacío, nostalgia sin remedio... Los discípulos no habrían comprendido estos conceptos tan elevados, si Jesús no les hubiera infundido con anterioridad un gran anhelo por ese Padre. ¿La Vida Eterna? Que te conozcan a ti (*conocer* en el sentido de *poseer*).

Todo el problema de la salvación y de la condenación gira siempre, pues, en torno a la ausencia y presencia del Padre. ¿Sepulcro? ¿Aniquilación? ¿La nada? No, la muerte es entrar en el gozo del Señor. El Cielo es el Padre, el Padre es el Cielo. ¿La patria? No existe patria. La patria entera es el Padre. ¿La casa del Padre?

No existe tampoco la casa del Padre. La casa del Padre es el Padre mismo. ¿Jesucristo? Jesucristo es el Enviado para revelarnos el rostro paterno de Dios y para abrir unos pozos de nostalgia en el suelo humano. Pozos de nostalgia que serán plenos, saciados para siempre con la posesión simultánea y total de la vida interminable, del Amor infinito.

* * *

Después de revelarnos al Padre, la actitud natural es la del abandono: cumplir su voluntad. Ésta es su alimentación y su respiración. La voluntad del Padre es el sentido de su vida, la luz de sus ojos, la alegría de su vivir... Aquí llego, Padre mío, para cumplir tu voluntad. Esa actitud incondicional de abandono origina en Jesús energía, alegría y seguridad. Además, enriqueció poderosamente su personalidad, haciéndolo un testigo insobornable de Dios, lleno de grandeza y valor.

Para Jesús, abandonarse significó salir de su propio interés y entregarse al Otro, posando confiadamente su cabeza, su cuerpo y su vida en las manos de su querido Padre. La actitud de abandono fue, pues, para Jesús una transmisión de dominio, un dar el yo a un tú, fue un gesto activo, porque hubo una ofrenda total de la propia voluntad a la voluntad del ser querido. No se trata, por tanto, de unirse con resignación a la marcha fatal de los acontecimientos. Abandonarse es entregarse con amor a Alguien que me quiere y a quien quiero, y porque lo quiero me entrego.

* * *

La primera generación cristiana veía en Jesús al siervo de Dios, Aquel pobre de Dios. Dentro de la espiritualidad de los anauín, aquellos pobres de Dios que no preguntan, ni cuestionan, ni resisten, ni se quejan, sino que se abandonan en silencio y paz a los designios de Dios, según se van manifestando en los hechos de la historia.

Renunció Jesús a su voluntad para asumir la del Padre y así se liberó de sí mismo; al quedar liberado de sí mismo, fue constituido como el Libertador. El Padre me quiere tanto porque cumplo su voluntad. He aquí el misterio de esa relación única entre el Hijo y el Padre. Existe entre los dos una concordancia de voluntades porque se aman tanto, y se aman tanto porque existe esa concordancia de voluntades. El amor emotivo y el amor oblativo convergen y se identifican. Y, ligados por el vínculo de una única voluntad, los dos viven recíprocamente el amor no sólo en la dulzura de la intimidad, sino también en la crisis de espanto. Y, así, la dulce palabra Abbá fue repetida desgarradoramente en el cerro de los Olivos, en la noche de la gran prueba, en el momento de pánico. Abbá, querido papá, todo es posible para ti, por favor, aparta de mí este cáliz, pero no se haga lo que yo quiero, sino lo que quieras tú. Fue la gran hora del abandono.

Calma en la tempestad

¿Qué sucedió en el alma de Jesús, en las horas de la Pasión? ¿Pudo haber evitado la muerte?, ¿pudo haber interrumpido la cadena de los hechos? Cuando sintió la proximidad de los perseguidores, ¿por qué no se escapó a las alturas del Golán o a las montañas de Samaría? ¿Qué le falló a Jesús: estrategia de retirada, sentido de orientación, una buena información de contraespionaje...? ¿Es que usaron con Él la táctica de la sorpresa, igual que en una guerrilla, y, cuando se dio cuenta, ya estaba cercado, sin posible salida? ¿Fue eso? ¿Qué sucedió realmente? ¿Un desarrollo normal y fatal de los acontecimientos históricos o una decisión libre y voluntaria de parte de Jesús? ¿Se metió o lo metieron?

La historia es eso: una combinación de elementos psicológicos, económicos, políticos, etc. Ellos avanzaron ciegamente como un torrente, envolvieron a Jesús y lo arrastraron poco a poco hacia la muerte. ¿Fue eso? Por ejemplo, si Caifás no hubiera tenido aquel temperamento resentido e intrigante, Jesús no habría muerto; si Pilatos hubiera tenido otro carácter, Jesús no habría muerto; si Palestina no hubiera sido anexionada al Imperio romano, sesenta y ocho años antes, por Pompeyo, Jesús no habría muerto... .

Todos esos factores históricos, desarrollados de forma inexorable en torno a Jesús, ciertamente existieron, pero no bastaron para que se cumpliera la redención.

Era necesario que Jesús asumiera libre y voluntariamente todo eso. Aquellos acontecimientos eran historia, pero no historia de Salvación. Para que hubiera historia de Salvación, Jesús tenía que infundir un alma a aquellos sucesos.

* * *

Al sentirse cercado y perdido, Jesús pudo haber reaccionado resistiéndose, defendiéndose. Pudo haber muerto blasfemando contra el sanedrín, lleno de rabia y furor impotente. En este caso, no habría habido salvación. Jesús pudo haber analizado los hechos desde una perspectiva sociopolítica o psicológica: todo empezó por la reacción envidiosa de un tipo intrigante como Caifás, continuó con la reacción de un tímido inseguro como Pilatos. Si Jesús hubiera mirado desde esta perspectiva los acontecimientos, se habría llenado de rencor y amargura e, impotente, se habría sentido arrollado y derrotado por la fatalidad ciega de la Historia. Y, en este caso, no habría habido redención.

Pero no fue eso. Jesús, detrás de todos los fenómenos, distinguió el rostro del Padre, para el cual nada es imposible. Si hubiera querido, el Padre podría haber evitado todo aquello. No lo evitó. La voluntad del Padre estaba detrás de todo eso. Entonces, Jesús, en vez de encenderse en furia contra los hechos y las personas, se abandonó al Padre, aceptó en paz todo aquello, como manifestación de su permisión, y se libró de la rabia, de la furia. No se rindió a los hechos, sino a la voluntad del Padre, que lo permitió todo.

La diferencia entre fatalidad ciega y muerte redentora radicaba en una alternativa: resistir o asumir, ver y asumir. Si Jesús hubiera percibido en todo eso actos ciegos e intenciones asesinas, habría resistido. Si Jesús hubiera descubierto en todo eso los designios del Padre, lo hubiera asumido. De la visión de fe dependía su actitud. Frente a los hechos consumados o frente a la inexorabilidad de los acontecimientos que, inevitablemente, se presentan y que uno no puede alterar, Jesús ve el rostro del Padre y los acepta en su voluntad. Jesús se salva, de esta manera, de la angustia y de la rabia, y es constituido como el Salvador. En palabras de Pablo, Jesús se entregó sumido y obediente a la muerte en la cruz. Debido a eso, es constituido como Señor de arriba y abajo.

No importa tanto la pregunta sobre si pudo Jesús haber evitado la muerte. Si pudo haber evitado la muerte y no lo hizo, al menos, dejó que la muerte se apoderara de Él, aunque sin buscarla. Esto es, puede ser que no haya ido expresamente en busca de la muerte, pero, cuando la vio de manera ineludible encima de sí, no la resistió, murió voluntariamente, asumió todo aquello, inclinando con docilidad su cabeza en las manos del Padre. Los hechos inevitables, manipulados por torvas intenciones humanas, no se ensañaron con Él, como si fuera una víctima impotente. Se entregó sin violencia a la violencia de los hechos, entregándose en paz y silencio en las manos del Padre.

Por eso, atravesó Jesús las escenas de la Pasión con tanta dignidad y paz. Todo Él parece una ofrenda de amor. Desde Getsemaní hasta el Calvario, no descubrimos en Él ningún rictus de amargura, ninguna queja, ninguna respuesta brusca, ninguna reacción agresiva, ninguna mirada hostil... En medio de una tempestad de golpes, insultos y azotes, avanza con una paz infinita, con una serenidad inalterable, como un niño humilde en las manos de su querido Padre. Lo calumnian, no se defiende. Lo insultan, no responde. Lo golpean, no protesta. Con tanta majestad, que los sucesivos jueces parecen reos y su silencio parece el juez, como una oveja ante el trasquilador, como un cordero llevado al matadero...

* * *

Si por alegría entendemos la paz serena de quien está por encima de las pequeñeces de la vida, podemos decir que a Jesús lo sentimos alegre, feliz. Aquí está su grandeza original, el poder vivir en medio de hostilidades y fracasos con el alma llena de serenidad y paz. El poder ser feliz viviendo entre adversidades.

Dejándose llevar de manera confiada por el Padre, Jesús adquirió una estatura moral única y se convirtió en un testigo incorruptible del Padre, lleno de libertad interior. Por la autoridad con que enseña, por la franqueza con que se dirige a amigos y enemigos, por su proceder sin hacer distinción de personas, sin miedo a perder la vida, sin importarle el prestigio personal... Jesús es un hombre valiente y libre. Lo sentimos profundamente libre, porque no advertimos en Él ninguna ansiedad, ninguna necesidad de establecer su identidad o categoría. Sencillamente, se presenta como el servidor del Padre y de los hermanos. Es libre porque no tiene intereses personales. No vino a dominar, sino a servir y a cumplir la voluntad de su amado Padre.

Confiado, cariñoso, entregado en las manos del Padre, se brinda a todos, se entrega, despreocupado de su persona y preocupado de todos los necesitados.

¡Si supiéramos abandonarnos como Jesús en las manos del Padre, pasaríamos por el mundo con la serenidad de los grandes ríos!

EPÍLOGO

¿Qué son los Talleres de Oración y Vida?

"Talleres de Oración y Vida" son un servicio eclesial que el padre Larrañaga inició en 1984. El Taller consta de quince sesiones. Cada una dura dos horas, y la sesión es semanal. El trabajo principal se realiza durante la semana, en la vida diaria.

El Taller está dirigido por un guía (pueden ser dos) cuya misión consiste en poner en práctica el espíritu y los contenidos del Manual. El guía no pone nada de su cosecha; entrega al pie de la letra los contenidos recibidos y no improvisa nada. De antemano, recibe una preparación intensiva y larga, llamada "Escuela de Formación", que dura un año.

Al frente de los guías, hay equipos de coordinación, (local e internacional).

El Taller es un servicio eminentemente laical. La mayoría de los guías son laicos, y todos los miembros de los equipos directivos son exclusivamente laicos.

El Taller es:

a) *Una escuela de oración:* se aprende y profundiza en el arte de orar con un carácter experimental y práctico desde los primeros pasos hasta las alturas de la contemplación.

b) *Una escuela de vida:* el asistente va superando, paso a paso, el mundo interior de angustias y tristezas e inundándose de paz; y va haciéndose cada vez más paciente, humilde, sensible y misericordioso con el programa: ¿qué haría Jesús en mi lugar?

c) *Una escuela apostólica:* se quiere que el Taller sea un vivero de vocaciones apostólicas; de hecho, el Taller logra transformar a muchos talleristas en apóstoles del Señor.

En suma, el Taller compromete al asistente en tres dimensiones: con Dios, consigo mismo y con los demás.

El Taller es un servicio:

a) *Limitado:* una vez completadas las quince sesiones, se da por cumplido el objetivo, y los guías se retiran sin constituir comunidades o grupos estables.

b) *Abierto:* a ellos asisten simples cristianos, catequistas, agentes de pastoral, militantes de grupos eclesiales y religiosos, los alejados de la Iglesia, los excluidos de los sacramentos, diferentes grupos de evangélicos.

Para más información:

Colombia

- Talleres de Oración Colombia Sur
  Carrera 31 No. 98-79 Oficina 204
  Teléfono: 2185405
  Bogotá

- Talleres de Oración Colombia Norte
  Calle 48C No. 65-35 Piso 3
  Teléfono: 2303808 – Fax: 2652865
  Medellín

Bolivia

- Sr. Alfonso E. Tejada S.
  Avda. Villazon 3671
  Teléfono: (591-4) 4270808
  Cochabamba

Venezuela

- Sra. Betty de Chirivella
  Urbanización Michelena – Calle 93 No. 90-30
  Teléfono : (58-24) 8571318
  Valencia, Carabobo

Ecuador

- Sra. Lourdes Raad de Pita
  Coordinación Zonal Bolivariana
  Urbanización La Saiba, MZ, D, Solar 4
  Teléfono: (59-34) 2344442 – Fax: 2563106
  Guayaquil

ÍNDICE

TALLER SAN PABLO
BOGOTÁ
IMPRESO EN COLOMBIA - PRINTED IN COLOMBIA